THINK BIG

PENSE GRANDE

THINK 

BIG

PENSE GRANDE

O **PODER** PARA **CRIAR** O SEU **FUTURO**

2ª edição

RYUHO OKAWA

IRH Press do Brasil

Título do original em inglês: *Think Big – Be Positive and Be Brave to Achieve Your Dreams*

Tradução para o português: Happy Science do Brasil
Edição: Wally Constantino
Revisão: Agnaldo Alves
Diagramação: Priscylla Cabral
Capa: Maurício Geurgas
Ilustrações do miolo: Happy Science Thailand

IRH Press do Brasil Editora Limitada
Rua Domingos de Morais, 1154, 1º andar, sala 101
Vila Mariana, São Paulo – SP – Brasil, CEP 04010-100

2ª edição, 1ª reimpressão
ISBN: 978-85-64658-19-6
Impressão: RR Donnelley Editora e Gráfica Ltda.

O conteúdo deste livro tem como referência as seguintes palestras realizadas por Ryuho Okawa:

Capítulo 1 As Leis para Desbravar o Futuro (Mirai Kaitaku Ho)
– realizada em 19/04/2008, no Templo Shoshinkan de Tóquio.

Capítulo 2 Como Ser Bem-sucedido (Sawayakana Seiko o)
- realizada em 03/05/2008, no Templo Shoshinkan de Tóquio.

Capítulo 3 Think Big! Pense Grande! (Think Big)
- realizada em 08/01/2010, no Templo de Hakone, Kanagawa.

Capítulo 4 O Caminho do Sucesso (Seiko e no Michi)
- realizada em 29/04/2011, no Templo Shoshinkan de Tóquio.

Capítulo 5 Como Adquirir Coragem Infinita (Yuki Hyakubai Ho)
- realizada em 10/05/2009, no Hibiya Public Hall, em Tóquio.

Este livro usou como referência os seguintes livros de Ryuho Okawa:

As Leis da Coragem – IRH Press Japan

O Ponto de Partida da Juventude – IRH Press Japan

Estou Bem! – IRH Press do Brasil Editora

Torne-se Uma Pessoa Corajosa – IRH Press Japan

Sumário

Capítulo 4

Capítulo 5

Prefácio

Quando se é jovem, há uma tendência exagerada de achar que as coisas são difíceis. Por causa disso, muitos acabam sofrendo de complexo de inferioridade. Por outro lado, também não devem ser poucos aqueles que enfrentaram dificuldades por tentarem se destacar demais.

Mesmo com a mente oscilando entre o complexo de inferioridade e o excesso de autoconfiança, desbravar o caminho rumo ao futuro ainda é um privilégio da juventude.

A mensagem que desejo transmitir a você é: Pense Grande. Com isso, quero dizer que, mesmo um monumento grandioso como a majestosa torre Tokyo Sky Tree[1], que se ergue no centro da capital japonesa, jamais poderia ser maior do que planejado por seus criadores.

Se você deseja construir um futuro, precisa alimentar grandes sonhos em seu coração, esforçando-se para avançar pouco a pouco, vivendo sua vida com coragem, aqui e agora.

Ryuho Okawa
Fevereiro de 2012

1 Torre de televisão de 634 metros de altura, localizada em Tóquio. É a construção mais alta do Japão e uma das atrações turísticas da cidade. (N. do T.)

YES WE CAN

capítulo

1

As Leis para Desbravar o Futuro

1 Aprimoramento Diário pelo Estudo da Língua Inglesa

Vencer as Dificuldades com a Língua Estrangeira

Este capítulo destina-se aos estudantes e a todos aqueles que estão começando a vida como adultos na sociedade moderna. Desejo transmitir aqui os aspectos necessários para que possam ter sucesso e criar um grande futuro, independentemente da situação em que se encontrem.

Ao relembrar minha juventude, quando iniciei minha carreira trabalhando numa empresa de comércio exterior, percebo que passei por momentos muito difíceis no segundo ano de empresa, ao ser enviado para Nova York, nos Estados Unidos. Ali comecei a experimentar as dificuldades de viver numa cultura estrangeira, onde precisei me esforçar muito para dominar a língua inglesa.

Quando cheguei aos EUA, passei cinco dias recebendo instruções da pessoa cuja posição eu iria substituir no trabalho. Como era a primeira vez que viajava para o exterior, estava sofrendo com os efeitos da diferença de fuso horário. O dia e a noite haviam trocado de lugar, e fiquei uma semana sem conseguir pensar direito. Apesar de estar recebendo instruções na minha língua materna, sentia como se as palavras estivessem distantes. Podia ouvi-las, mas tinha dificuldade em captar o sentido.

Nessa confusão, mal compreendendo o que estavam transmitindo para mim, alguns dias depois fui obrigado a ter de me virar sozinho quando meu antecessor foi embora. Ele decidira tirar umas férias na Costa Oeste, antes de voltar para o Japão.

Recebi uma grande mesa e uma cadeira, um telefone, uma máquina de escrever IBM e um computador criado pelo Steve Jobs, o "Apple II". Na época, esse modelo ainda não havia chegado ao mercado japonês, mas nos EUA começava a ser popular; naquele país já era normal cada pessoa ter seu computador.

Ainda meio atordoado com o fuso horário, ao me sentar em minha cadeira comecei a receber ligações telefônicas sem parar. Eram cerca de 100 a 150 telefonemas por dia, todos em inglês. O local de trabalho tornou-se um verdadeiro inferno.

Quando relembro aqueles dias, ainda sinto o impacto que essa experiência deixou em minha memória. E havia uma palavra em inglês pela qual passei a sentir aversão: *Pardon?*. Quem quer que estivesse do outro lado da linha, sempre usava essa palavra. As pessoas diziam *Pardon?* ou, então, *I beg your pardon?*. Na verdade, elas queriam dizer que não estavam entendendo meu inglês e me pedindo polidamente para que repetisse a frase. Essa era a mensagem implícita. Ouvir umas três vezes esse termo já era suficiente para me sentir desestimulado, ao perceber que meu inglês era ininteligível para um falante nativo.

Muitas vezes me perguntavam: *Is there anyone who can speak English?*. Isto é: "Não há ninguém aí que fale inglês?". E me sentia completamente arrasado, pois estavam pedindo que eu passasse a ligação a alguém que fosse capaz de falar o idioma deles, já que eu obviamente não estava conseguindo.

Nessas horas eu olhava em volta e via que todos os meus colegas japoneses estavam ocupados falando inglês fluentemente em suas conversas por telefone, e que os funcionários americanos também estavam ocupados recebendo chamadas. Então, não havia ninguém para quem eu pudesse transferir a ligação.

Na primeira semana, ouvi tantas vezes a palavra *Pardon?* que passei a sentir uma grande frustração.

Tudo Começou a Mudar Quando Aprendi a Dizer: "Eu Posso"

Mas tudo começou a mudar quando comecei a responder *I Can*, isto é, "Eu posso!" ou "Eu consigo!". Assim, quando alguém começava a perguntar "Não há ninguém aí...", mesmo antes que a pessoa terminasse a frase, eu respondia que já sabia o que ela iria perguntar, mas não tinha como transferir a ligação.

Então, mudei de atitude e passei a responder "Eu posso!". Além disso, procurava manter sempre a voz serena e expressar tranquilidade ao dizer essa frase. Isso fez com que as pessoas que ligavam passassem a pensar: "Opa, acho que fui indelicado...", e, depois de respirar fundo, elas hesitavam por um momento. Nessa hora, eu aproveitava para rapidamente tentar me comunicar dizendo algumas frases que eu tinha aprendido.

Se eu demorasse mais de dois segundos para responder, elas logo iriam dizer *Pardon?*, e, se recebesse três *Pardon?*, estaria acabado, então decidi que não poderia dar-lhes esse tempo. Depois de responder "Eu falo inglês!", atacava rapidamente com algumas frases que conhecia. Depois de um tempo, as pessoas passaram a dizer: "Ah, certo". Assim, quando consegui articular meu escasso vocabulário e dispará-lo à minha volta, aos poucos começou a fazer mais sentido para as pessoas, e elas finalmente começaram a me compreender.

Hoje, percebo que esse foi um dos momentos decisivos da minha vida. Eu havia decidido que não iria dar tempo para que ninguém me perguntasse *Pardon?* nunca mais. Seria uma humilhação se alguém me perguntasse "Não há ninguém aí que fale inglês?", por isso, eu dizia às pessoas "Eu falo inglês!" e decidi que não passaria as ligações para mais ninguém.

No início, muitas vezes pedi a outras pessoas para atenderem minhas ligações, mas ao fazer isso sentia-me derrotado. Por isso, decidi que "Eu posso" e parei de transferir minhas ligações.

Esse foi o ponto de virada a que me referi. Eu sabia muito bem que ainda não tinha capacidade suficiente, por isso era difícil apenas dizer "Eu falo inglês!", e tentar resolver o problema simplesmente com uma declaração afirmativa, porque em seguida eu precisava pensar no que iria dizer exatamente, em inglês. Mas responder dessa maneira ousada foi um ótimo ponto de partida para minha carreira e para o desenvolvimento do meu caráter. Isso aconteceu quando eu tinha uns 25 ou 26 anos de idade.

Antes de morar no exterior, eu achava que indo para os Estados Unidos seria muito fácil aprender a falar inglês, então não me preparei como deveria. A verdade era que meu inglês não era bom o suficiente.

Por não ter consciência disso e pela falta de preparo, enfrentei um período muito difícil; no entanto, foi uma oportunidade que o destino me reservou para trabalhar comigo mesmo e aprimorar minha capacidade. Para os outros, talvez eu parecesse corajoso, por estar fazendo o que fazia, mas eles não tinham ideia da luta que eu travava no meu íntimo.

Wall Street É o Campo de Batalha da Elite

Foi o gerente do departamento de câmbio, um homem de 47 anos, que me transferiu para os Estados Unidos, em 1982. Na época, eu tinha apenas 25 anos, e ganhava cerca de 550 mil ienes (uns 12 mil reais).

Quando ele me avisou da transferência, acrescentou: "A propósito, seu salário lá será o mesmo que o meu aqui". Fui para os Estados Unidos recebendo um salário equivalente ao de um gerente daquela área no Japão.

Naquele momento, não pensei muito no que isso significava, mas agora, relembrando, reconheço que realmente isso mostrava o quanto era duro encarar a batalha na Wall Street. Eu não tinha muita consciência de que aquele é o lugar para onde são enviadas as melhores pessoas das empresas que mais se destacam no mercado americano e no mundo.

Wall Street é a região onde fica a Bolsa de Valores, na parte sul de Manhattan, conhecida como Lower Manhattan. Na realidade, é como um grande campo de batalha onde temos de enfrentar a elite dos Estados Unidos.

Quando fui para os EUA, não estava preparado para entrar nessa guerra, e na primeira semana senti que todos estavam preocupados ao ver que tinham mandado alguém que não sabia nem falar inglês direito. Essa foi minha iniciação no difícil mundo da Wall Street, onde precisei começar minha carreira engatinhando.

Neste capítulo, vou contar algumas lembranças dessa época da minha vida e ensinar algumas lições que aprendi sobre "como criar um grande futuro" quando ainda se é jovem. Espero que isso possa ser útil.

2 Alimente um Sonho e Trabalhe para Concretizá-lo

Idealize um Grande Objetivo e Estabeleça Metas Intermediárias

A primeira coisa que gostaria de transmitir aos jovens é que a regra para criar o futuro é "alimentar um sonho". As pessoas precisam "ter um sonho". O futuro não se abre para aqueles que não possuem um sonho. Por isso, primeiramente, certifique-se de que você tem um grande sonho.

Em seguida, no processo para que ele se torne realidade, não se trata de se tornar um simples sonhador, porque só sonhar não basta. É preciso se esforçar de forma objetiva para concretizá-lo. É muito importante se esforçar e dedicar-se o máximo possível para realizar seu sonho. Pode soar trivial, mas esse é um ponto-chave para criar um futuro para os seus sonhos. Somente se você for capaz de fazer esse esforço em direção à conquista do seu sonho é que estará a caminho do futuro que sempre sonhou.

Os seres humanos estão constantemente se aproximando do seu sonho. Pessoas que não têm sonhos não pensam no futuro. Você precisa ter sonhos e moldar o futuro de acordo com eles.

Um ponto-chave é "o quanto de esforço e dedicação você coloca na realização do seu sonho". O simples fato de ter um sonho não encerra o assunto. Você precisa fazer a si mesmo a seguinte pergunta: "O que eu posso fazer para que esse sonho se torne realidade?" e encontrar a resposta certa para esta pergunta. E quando começar a trabalhar para realizar seus sonhos, você deve estabelecer metas claras.

Primeiro, é importante definir uma grande meta. A seguir, no processo de alcançá-la, precisará determinar metas pequenas e de médio porte e intermediárias que o conduzam ao longo do caminho rumo à meta maior.

Quando se é estudante, pode ser que se tenha metas como: "Depois de me formar, quero alcançar isso e aquilo no prazo de três anos" ou "Quero fazer tal e tal coisa antes de completar 30 anos". Aqueles que estão na faixa dos 30 anos podem pensar: "Quero conseguir isso e aquilo antes dos 40". Ao se traçar grandes metas desse modo, você precisa tomar a decisão seguinte e estabelecer metas intermediárias, como "Até chegar a tal estágio a caminho do meu sonho, quero conquistar essa parte da minha meta".

Procure Expandir Seus Horizontes e Interesses

Os estudantes, em especial, possuem muitos sonhos, e como ainda não se fixaram numa forma de pensar, devem procurar se envolver com várias coisas. Isso é particularmente importante neste estágio da vida.

Dedicar um tempo para estudar, experimentar coisas, desenvolver e praticar hobbies, fazer boas amizades, expandir os interesses e se envolver com algo que ocupe boa parte do seu tempo, criará oportunidades e proporcionará novos inícios mais tarde, quando você chegar à meia-idade ou mais adiante ainda.

Claro, algumas pessoas passam a expandir seus interesses depois que começam a trabalhar, mas, em geral, nossos dias de estudante nos dão melhores oportunidades para um envolvimento naquilo em que estamos interessados e para estabelecer um relacionamento com esse campo.

Assim, os estudantes devem procurar expandir seus horizontes, desenvolver interesses e paixões, e pensar sempre: "Quais oportunidades existem para mim?"

Mesmo que sejam coisas não diretamente ligadas ao trabalho, desde que você sinta entusiasmo por alguma delas e as experimente, em algum momento no futuro elas surgirão de novo e serão úteis, de uma forma ou de outra. É nesse sentido que o período como estudante é muito importante na vida.

Os Livros Lidos com Interesse na Juventude Vão Influenciá-lo por Toda a Vida

Os livros que li quando era estudante ainda hoje estão frescos na minha mente. Claro, também li muitos livros depois de me formar na universidade, mas os que li enquanto era estudante ainda são os de que me lembro facilmente.

Os livros que você lê na época de estudante ficam na sua memória por décadas, sobretudo aqueles que o deixaram fascinado e que você leu com avidez: esses irão ficar com você por um longo tempo, e muitas vezes influenciam decisões importantes que você toma mais tarde.

Quando você tem 30, 35, 40 anos, precisa tomar decisões importantes na vida. Em geral, achamos que nossas decisões se baseiam nos nossos pensamentos, que são tomadas depois de examinarmos bastante o assunto; mas muitas vezes não é bem isso o que ocorre.

Revendo o passado, os livros que eu adorava ler repetidamente quando tinha 20, 21, 22 anos, provocaram um impacto profundo na minha maneira de pensar, e mesmo décadas depois, quando enfrento problemas, percebo que as ideias apresentadas pelos autores daqueles livros influenciam nas decisões que tomo.

Embora às vezes "a gente acredite estar tomando decisões com base nos nossos pensamentos", na verdade decidimos com base em princípios de pensadores e escritores cujas ideias repercutiram no nosso íntimo no passado, e se tornaram parte de nós.

Depois que você estuda, passa a usar esses pensamentos livremente, como se fossem seus, e sua maneira de pensar começa a se afastar da forma como seus pais pensavam e do que lhe ensinaram. "Você começa a sentir que há uma diferença entre o que seus pais lhe diziam para fazer e o que você pessoalmente idealiza", e então forma opiniões independentes.

Evite Livros Destrutivos e Artigos Decadentes

Quando os livros e ideias com os quais você conviveu na juventude têm um conteúdo destrutivo e decadente e você se influencia por essas ideias, atrairá para sua vida acontecimentos terríveis, resultantes desse tipo de pensamento. Por isso, pode-se dizer que o nosso destino é determinado pelo "tipo de ideias" que absorvemos dos livros.

Quando estamos influenciados por ideologias e pensamentos inúteis, haverá um impacto destrutivo em nós, e acabaremos tomando decisões erradas, tornando a nossa vida uma tragédia. Assim, em vez de achar que quem escreve um livro já deve ser, por esse simples fato, "alguém suficientemente capaz de ter pensamentos de valor", recomendo que antes você dê uma olhada nas tendências gerais contidas nos escritos desse autor, e também na forma como ele leva sua vida pessoal. "Pense bem se esse é o tipo de vida que você desejaria levar."

Com isso, quero dizer que, quando se lê os escritos de autores que têm "tendências destrutivas", as ideias deles ficarão impregnadas no leitor.

Se, por exemplo, um escritor vive atormentado e acaba cometendo suicídio, mesmo que você o considere uma alma pura e sinta extrema compaixão, se você se envolver demais com seus padrões de pensamento e ler muita coisa de sua obra, ficará influenciado por esse padrão mental depressivo, começará a julgar os fatos do mesmo modo, e acabará desenvolvendo uma tendência que atrairá tragédias.

Muitos romancistas passam por dificuldades na vida, o que torna suas histórias ainda mais interessantes. Eles escrevem sobre a pobreza, sobre falências, doenças e relacionamentos fracassados.

Não há nenhum problema nisso, mas, se você passar a admirá-los demais, começará a imitar a vida deles. Por isso, tenha cuidado com os escritores que você admira. Por exemplo, se um autor que uma pessoa aprecia descreve a pobreza de uma forma bela, essa pessoa passa a ser influenciada por essas descrições e começa a nutrir um desejo de também ser pobre.

Mesmo que no plano consciente você saiba que "gostaria de ter um salário mais alto", se essa romantização da pobreza penetrar no seu subconsciente, em algum momento "surgirá o pensamento que o levará a mergulhar em dívidas e ir à falência".

A Importância de Perceber a Influência dos Pensamentos

É muito importante perceber a influência que os pensamentos têm na nossa vida. Se essa influência for superficial, você ainda pode escapar dessa correnteza, mas tão logo ela atravesse a superfície e as ideias cheguem ao seu subconsciente, causarão um grande impacto em você. Essas ideias irão influenciar completamente seu futuro.

Os pensamentos são como a chuva. A diferença está no fato de que a chuva pode molhar somente a superfície ou penetrar até chegar aos lençóis subterrâneos. Assim como a chuva que se mistura às águas subterrâneas, quando as ideias se infiltram no subconsciente, elas passam a influenciar profundamente a vida da pessoa.

Daí a importância daquilo que se infiltra até as profundezas da mente de uma pessoa. Tudo aquilo que gostamos de ler repetidas vezes, em que pensamos com frequência, que aprendemos, acaba se transformando nos nossos próprios pensamentos.

Quando lemos o que alguém escreveu e sentimos que "aquilo ressoa fortemente em nosso coração", significa que "acabaremos nos tornando semelhantes a esse autor".

Apesar de serem pensamentos de outra pessoa, "o fato de ecoarem em nós" significa que "os mesmos pensamentos já existem ou estão sendo gerados em nosso interior".

Por isso, embora se trate de pensamentos dos outros, tornam-se parte de nós. No início, podem até parecer pensamentos de outras pessoas, mas "quando eles encontram simpatia em nosso eu interior, e continuamos lendo-os repetidamente, eles vão se infiltrando em nós e se tornam nossos". E, por conseguinte, começaremos a tomar decisões na vida com base nesses pensamentos.

As Sementes de Pensamentos Plantadas no Coração Determinam o Futuro

Em outras palavras, podemos dizer que os pensamentos são como "sementes". "As flores que brotam e os frutos que crescem dependem do tipo de sementes que plantamos." É isso o que quero dizer.

Os pensamentos são poderosos; não se trata de algo abstrato. Eles possuem um poder real, concreto.

"É possível conhecer o tipo de pessoa que somos" examinando nossos pensamentos. Conforme o tempo vai passando, nossos pensamentos vão se tornando realidade.

Atualmente, na Província de Tochigi, a Happy Science possui uma escola de Ensino Fundamental e Médio. No passado, eu havia concebido a ideia de construir uma escola junto ao nosso Templo Sede de Nasu, e poucos anos depois a escola se tornou realidade.

Se eu nunca tivesse tido esse pensamento, nunca haveria uma escola ali. Se meu pensamento tivesse sido: "A escola tem de ser em algum lugar de fácil acesso por trem", não a teria construído ali, mas o que pensei foi: "Se formos fazer uma escola em regime de internato, seria ótimo construí-la ali", e acabamos erguendo o estabelecimento no local onde imaginei. Essa é a força dos pensamentos. Assim que você planta a semente, ela começa a crescer, e se transforma numa planta real. Lembre-se sempre: "primeiro há uma ideia, depois a ideia se torna realidade". Tenha consciência disso.

Portanto, é preciso ter muito cuidado com "as ideias que você planta em sua mente", porque elas irão determinar o tom geral da sua vida à medida que se desenvolvem e formarão a melodia que determinará o seu futuro.

3 Tenha Pensamentos Afirmativos e Positivos

Cuide para que os Pensamentos Negativos Não Criem Raízes na Sua Mente

Na juventude, somos muitos emotivos e receptivos às coisas – em outras palavras, nos emocionamos com facilidade. É comum ficarmos extremamente abalados com tristezas, eventos trágicos e infelicidades. Por isso, precisamos ter cuidado.

É fácil sentir-se perturbado e influenciado por acontecimentos ao nosso redor, como a morte de um parente, acidentes ou doenças, e assim por diante. Mas não é bom que esses efeitos continuem por muito tempo. Quando uma pessoa é intensamente afetada por eventos infelizes, seu coração começa a desenvolver uma tendência a se apegar à infelicidade. Isto é, quando não está imersa na infelicidade, ela não sente como se fosse ela mesma, e não consegue ficar à vontade até que se sinta infeliz de novo.

Quando jovens, somos muito sensíveis, por isso é importante não deixarmos que pensamentos, ideias e filosofias negativas ou passivas criem raízes na nossa mente, tais como:

"Se eu fracassar, vou desistir."

"Não acredito que ele falou isso de mim. É demais. Eu desisto!"

"Se me disserem que não sirvo para esse trabalho, desisto!"

"Se me disserem que não tenho capacidade para estudar, eu desisto!"

"Se eu não conseguir entrar numa boa escola, vou desistir."

"Meus pais me odeiam. Vou abandonar tudo."

"Meu amigo não gosta mais de mim. Para mim tudo acabou."

"Não consigo ganhar dinheiro suficiente. Nunca vou conseguir."

Provavelmente, você já teve pensamentos negativos como esses. No entanto, é preciso tomar muito cuidado para que eles não se infiltrem e criem raízes em seu coração.

Pense em Se Desenvolver Como um Broto de Bambu

Os seres humanos não são capazes de abrigar dois pensamentos ao mesmo tempo. Assim, quando surgir um pensamento negativo, será preciso se esforçar para desenvolver o hábito de substituí-lo por um pensamento positivo contrário.

Quando surgir na sua mente um pensamento negativo, pense: "Bem, depois de ter pensado assim, também posso encarar o assunto dessa outra forma...". Ou seja, procure adotar a abordagem oposta e passar do pensamento negativo para um ponto de vista firme e positivo.

Quando surgirem pensamentos negativos, é muito importante que você tente mudar sua maneira de pensar e de perceber as coisas, tais como: "Essa situação em que me encontro é bem problemática, mas, se eu examiná-la melhor, talvez seja também uma oportunidade." "Aquela pessoa está mesmo falando mal de mim e me criticando, mas o que ela disse talvez seja verdade, portanto, esta é uma chance de tentar corrigir meu comportamento e crescer com isso. Talvez ela esteja, na realidade, tentando me ensinar alguma coisa e me ajudar."

Assim, mesmo que você esteja enfrentando provações extremamente difíceis, poderá aceitá-las e assumir uma atitude mais positiva e resoluta em relação a elas. Se as sementes dos pensamentos que você planta forem decididas e positivas, certamente farão brotar flores no futuro, e também frutos magníficos.

Você deve sempre fazer um esforço para orientar seus pensamentos numa direção positiva.

Saiba que, no caminho do crescimento, é normal que surjam resistências. As pessoas ao seu redor podem criticá-lo e tentar humilhá-lo. Às vezes, você se verá obrigado a permanecer preso ao magnetismo afetivo dos seus pais, ou talvez seja invejado por seu professor na escola, um colega, um superior ou até por seu chefe no trabalho.

Veja o broto de bambu. Ele não escolhe lugar para nascer, se expande e brota por todos os lados indiscriminadamente. Possui tanta força que consegue até perfurar o piso para brotar. É importante possuir uma força que nos faça crescer como um broto de bambu. A partir do momento em que você alimentar fortes pensamentos de que está crescendo, de que vai começar a fazer isso já, isso irá lhe trazer um futuro brilhante.

Seja forte o suficiente para superar o dano e a infelicidade que resultaram da instabilidade emocional da qual todos sofremos quando jovens. "Alguém me magoou." "Alguém falou mal de mim, e fiquei muito triste com isso." "Eu falhei. Eu desisto. Jamais conseguirei fazer parte da elite." Pensamentos desse tipo provavelmente irão passar várias vezes pela sua mente e machucá-lo, mas você precisa superá-los e se levantar de novo. Assim como uma noite de descanso, depois da qual acordamos revigorados no dia seguinte. Desse modo, é importante ganhar novas forças e se fortalecer o suficiente para se levantar muitas vezes, e reiniciar a vida.

4 A Melhor Arma Contra o Medo É a Fé

Não Há o Que Temer Quando Estamos Unidos a Deus ou Buda

O adversário que devemos combater é o medo, principalmente enquanto ainda somos jovens. Existem muitas formas de medo, mas a maioria se resume ao "medo do desconhecido" ou "medo de encontrar o desconhecido".

Quando o filme *Tubarão* foi lançado há algumas décadas, o simples pensamento de que um tubarão pudesse se aproximar de mim me deixou incapaz de nadar no mar. Embora não houvesse tubarões, quando pensava: "E se aparecer um tubarão de repente?", sentia tamanho medo que não conseguia sair da areia e entrar na água.

O mero pensamento de que "você pode se deparar com algo apavorante" consegue imobilizá-lo por completo. Quando isso ocorre, você precisa de coragem. Então, o que fazer para superar o medo?

A melhor arma para vencer o medo é a "fé". Use-a para superar o medo. Uma mente que acredita em Deus ou em Buda tem o poder de combater o medo com a fé.

"Se eu e Deus ou Buda somos um, não há o que temer." "O futuro é definitivamente brilhante. O futuro com certeza se abrirá para mim." Estes são os fortes pensamentos e sentimentos que eu gostaria que você cultivasse, porque lhe darão a força de que você precisa.

Se você for um discípulo de Buda, por exemplo, deve criar coragem pensando: "Sou um discípulo de Buda. Creio que Buda está comigo. Portanto, não há o que temer." "Sou filho de Buda. Enquanto estiver estudando os ensinamentos da Verdade, não há nada que possa me amedrontar. Não haverá infelicidade no futuro. Nada poderá se abater sobre mim. Não poderei ser derrotado, pois sou uno com Buda." E assim pensando, deve abraçar a fé e combater o medo.

Acumule Esforços e Dedique-se Continuamente

Ao mesmo tempo em que você prossegue combatendo o medo com a fé, precisa ter um sonho e fazer esforços concretos para transformá-lo em realidade.

O que todas as pessoas bem-sucedidas do mundo têm em comum é o acumulo de esforço e a dedicação contínua. Parece bem simples, mas, se você olhar para as pessoas de sucesso, verá que é isso o que elas fazem.

Não basta só se dedicar e se esforçar uma única vez – é preciso adotar uma postura mental de esforço e dedicação constantes. Essa é a lei do sucesso, e ela não tem exceções.

Claro, existem sucessos temporários, que ocorrem uma única vez, como ganhar na loteria ou vencer uma aposta em uma corrida de cavalos, mas isso não passa de algo temporário.

Se você olhar para aqueles que estão sendo bem-sucedidos por um longo período de tempo, verá que isso, sem exceção, é o resultado do esforço e da dedicação constantes.

"Visualizar o sonho, combater o medo com a fé, alcançar as metas concretas, esforçando-se e dedicando-se continuamente" é uma postura mental muito valiosa.

A postura mental de se esforçar e se dedicar constantemente é o que dá a tenacidade de ir um passo além, mesmo que você já tenha conseguido realizar uma quantidade imensa de trabalho. Numa situação em que outra pessoa diria: "Ah, já está bom assim", procure pensar: "Vamos lá, eu posso melhorar isso, vou me esforçar mais um pouco."

5 Saber Usar Bem as 24 Horas do Dia

O Caminho para o Sucesso: Use cada Minuto de Modo Eficiente

Outro ponto importante que gostaria de destacar é que "todo mundo tem a mesma quantidade de tempo à disposição, todos os dias". É claro que as pessoas têm durações diferentes de vida, mas o dia tem sempre 24 horas, não importa quem você seja. Isso não muda.

A forma de gastar essas 24 horas, o jeito de empregar esse tempo, é isso que modificará seu futuro. Trata-se de um sistema totalmente justo.

Para usar essas 24 horas de uma maneira que o conduza ao sucesso, existem duas atitudes que recomendo firmemente. Uma delas é: trate cada período de tempo, cada minuto, cada segundo, como algo muito precioso. Se você tem apenas 10 ou 15 minutos, aproveite-os com cuidado. Você não chegará a lugar nenhum se continuar pensando: "Vou estudar quando tiver mais tempo. Vou terminar tal coisa quando tiver mais tempo".

Quando se trata de diversão e lazer, talvez não haja problema em pensar: "Vou fazer tal coisa durante minhas férias de verão". Ou: "Quando eu tiver uma pequena folga, vou fazer tal coisa". Mas quando se trata de estudar, essa atitude não funciona.

Como regra geral, as pessoas que conseguem alcançar sucesso utilizam pequenos períodos de tempo de um modo muito eficiente. Se você tem 10 ou 15 minutos, utilize-os para estudar seriamente.

Por exemplo, se você está estudando um idioma e não aproveita esses períodos de 10 ou 15 minutos que poderia arranjar, mesmo num dia muito atarefado, para estudar um pouco, nunca terá um bom domínio dessa língua.

Algumas pessoas conseguem um ótimo domínio de outro idioma porque aproveitam pequenos períodos de tempo ao longo do dia para estudar. No trem, durante o intervalo de almoço no trabalho, em alguma ida ao banheiro, durante o banho, antes de dormir – todos esses tempinhos podem ser aproveitados. Se você não aplicar esse tipo de esforço, nunca dominará bem uma língua. Ninguém aprende um idioma simplesmente por ter um talento natural para isso.

Não importa quem você seja, todos temos 24 horas por dia à nossa disposição, inclusive nosso tempo de sono. Assim, para conseguir o que queremos, temos de usar cada minuto do dia com eficiência e continuar nos esforçando muito. Esse é o único jeito de aprender uma nova língua.

Sobretudo quando você começa a trabalhar, fica cada vez mais difícil dispor de várias horas para fazer o que você deseja, e com isso essas pequenas sobras de tempo tornam-se ainda mais importantes, mesmo que sejam apenas 10 ou 15 minutos. E você deve usá-los da maneira mais eficiente possível.

Homens e Mulheres: Cada um Deve Aprimorar Sua Característica Mental

A segunda atitude que gostaria de sugerir é desenvolver a capacidade de "realizar trabalhos multitarefa". Se você não for bom em multitarefas, não conseguirá realizar vários tipos de trabalho.

Em geral, a característica mental masculina é ideal para realizar esforços intensos, de longo prazo. Por exemplo, construir as pirâmides do Egito: "Depois que terminarmos uma pirâmide, vamos construir a seguinte." "Depois que terminarmos a Esfinge, construiremos outra pirâmide." É assim que o cérebro masculino funciona.

Basicamente, a mente masculina tende a se engajar em uma única coisa por um longo período de tempo. Esse tipo é chamado de "característica mental masculina".

As mulheres com formação acadêmica superior em geral também desenvolvem uma forte característica mental masculina. Por competirem profissionalmente com homens, de igual para igual, a maioria das mulheres com formação superior desenvolvem essa característica mental masculina.

Para se sair bem num emprego muito especializado, você precisa se manter concentrado em uma coisa só por um longo período, sendo importante a característica mental masculina; mas, se você trabalhar apenas com isso, só conseguirá avançar até um estágio no qual obterá um destaque relativo. Usar a característica mental masculina é uma necessidade básica para poder realizar um trabalho.

No entanto, além dessa, temos também a característica mental feminina. O cérebro feminino permite realizar várias tarefas ao mesmo tempo, e acredita-se que as mulheres já nascem com essa capacidade.

A razão disso é que, em termos históricos, as mulheres foram, por longo tempo, responsáveis pela condução da vida doméstica e por cuidar de um grande número de filhos.

Com três, quatro, cinco filhos correndo de lá para cá pela casa, há sempre um monte de coisas acontecendo ao mesmo tempo. Não importa se você está no meio do preparo de uma refeição: seus filhos vão continuar caindo, chorando, rindo ou fazendo travessuras.

Para enfrentar essa situação, as mulheres são capazes de se concentrar em várias coisas diferentes ao mesmo tempo. Elas mostram-se muito ativas e têm nervos de aço, pois possuem naturalmente a capacidade mental de ser "multitarefas". É por isso que muitas conseguem realizar várias coisas ao mesmo tempo.

Algumas mulheres que passam a vida dedicando-se a estudar matemática, ciências exatas ou que tiveram formação acadêmica superior podem perder essa capacidade com o passar do tempo. A maioria, no entanto, já nasce com essa capacidade de multitarefa e conserva-a ao longo da vida.

No cotidiano e para questões práticas, a multitarefa é quase sempre uma capacidade muito útil, mas talvez seja difícil tentar realizar diferentes tarefas simultaneamente quando você está no trabalho.

Se você é ainda jovem e quer criar um futuro brilhante, é importante desenvolver esses dois lados, a característica mental masculina e a feminina, e fazer com que os pontos positivos dessas duas abordagens trabalhem a seu favor.

Atue em Várias Frentes Simultâneas, Usando a Capacidade Multitarefa

Embora o cérebro masculino consiga se fixar firmemente em uma tarefa e concluí-la, é importante não se concentrar apenas em uma coisa, mas manter uma perspectiva ampla – como uma libélula, que, com seus olhos multifacetados, consegue ver muitas coisas simultaneamente. É importante saber ver tudo o que ocorre ao seu redor, como se você tivesse olhos multifacetados, e ter a capacidade de fazer várias coisas ao mesmo tempo.

Mesmo que você seja capaz de iniciar múltiplas tarefas ao mesmo tempo, depois disso o ideal é progredir com velocidades distintas. "Eu quase terminei aquela tarefa, essa outra já fui até a metade, e nessa terceira estou apenas no início". Desse modo, é provável que tenha diferentes estágios de desenvolvimento a cada momento, mas, se não conseguir dar continuidade a diferentes tarefas desde o início, será quase impossível realizar várias delas ao mesmo tempo.

No trabalho, precisamos ter consciência das vantagens, tanto da característica mental masculina quanto da feminina, e usar as duas a nosso favor.

Os pilotos de avião de combate precisam ser capazes de realizar processamento paralelo simultâneo. Quando os aviões de combate travam uma batalha nos ares, os inimigos podem vir de todas as direções, tridimensionalmente, pela frente, por trás, pelos lados, por cima e por baixo; portanto, você nunca sabe de onde virá o próximo ataque. Isso significa que as pessoas que só conseguem focalizar uma coisa por vez não serão bons pilotos de avião de combate.

Esses pilotos precisam ter um tipo de personalidade que os torne capazes de dizer de modo confiante: "Não importa se o inimigo tentar me atingir de cima, de baixo, pelo lado esquerdo ou direito; sempre estarei pronto a contra-atacar".

Alguém que olhe apenas para a frente poderá ser derrubado num segundo; então, um piloto deve ser capaz de reagir a qualquer ataque, não importa de onde venha. Além disso, como a expectativa é de que esses pilotos sejam capazes de fazer avaliações abrangentes, eles não são simples soldados, mas fortes candidatos a oficial.

Em resumo, podemos dizer que, a fim de obter sucesso naquilo que faz, você precisa dar o melhor de si para aprender a atuar de forma multitarefa e ser capaz de realizar o processamento paralelo simultâneo.

Pense em uma ferrovia, por exemplo. É provável que, na zona rural, haja apenas um trem em circulação, enquanto na cidade há vários trens correndo em múltiplos trilhos.

Do mesmo modo, devemos ser capazes de usar nossos olhos de maneira que nos permitam um processamento paralelo simultâneo, como se houvesse vários trens correndo simultaneamente por diferentes trilhos.

Se a "Multitarefa" Não Funciona com Você, Seja "Rápido na Tomada de Decisões"

Se você não consegue lidar simultaneamente com processamento múltiplo, crie frentes de trabalho e concentre-se em uma tarefa importante por vez, executando uma após a outra. Nesse caso, é importante que você tenha rapidez ao tomar decisões e realizar ações, e que gerencie e processe cada tarefa rapidamente.

Em resumo, "não deixe o trabalho de hoje para amanhã". Se você conseguir terminá-lo hoje, poderá lidar com a próxima tarefa no dia seguinte, e no final o resultado será o mesmo que se você tivesse trabalhado em várias tarefas simultaneamente. Em suma, é essencial que você "não adie as coisas".

Pessoalmente, não costumo postergar o trabalho. Tomo decisões com muita rapidez, e em geral procuro concluir tudo o que tenho para fazer, até que minha mesa de trabalho fique vazia de novo. Como todas as tarefas que assumo estão sempre sendo atendidas, sempre tenho as mãos livres, e sempre me sinto leve e bem. Claro, você pode continuar procrastinando ou adiando seu trabalho indefinidamente, mas prefiro dar conta das coisas na hora e resolvê-las assim que aparecem.

Se você não resolve as coisas de imediato e aparece outro trabalho a fazer, você está com problemas. E cada vez que surgirem mais coisas, as tarefas irão se acumulando, e você começará a se sentir sobrecarregado e aturdido. Por isso, quando aparece uma tarefa, eu a examino, tomo uma decisão na mesma hora e resolvo.

Mesmo que tenha tomado a decisão errada, posso consertar mais tarde e então a coisa já estará feita. As oscilações e os imprevistos da vida nunca terminam. Se houver algo fundamentalmente errado com uma decisão que você tomou, bastará corrigir. Essa é a minha maneira de encarar as coisas, por isso sempre decido tudo na hora. Se você não fizer assim, não será capaz de concluir muitas tarefas.

Como Criar um Futuro Dourado para Você

Já apresentei várias sugestões sobre como usar as 24 horas do dia de modo eficiente. Em resumo, seriam as seguintes:

Ponto 1: utilize com eficiência cada minuto que tiver, mesmo que sejam períodos de tempo bem curtos.

Ponto 2: domine o processamento paralelo simultâneo e aprimore sua capacidade de multitarefas.

Ponto 3: Se você não é bom em multitarefas, tome decisões e resolva os assuntos de forma rápida. Cuide de cada um assim que surgir e de cada tarefa que precisa ser feita, para poder ficar livre para assumir novas tarefas a qualquer momento.

Se você adotar esses princípios, não importa qual seja o seu cargo, poderá escalar os degraus do progresso e ser bem-sucedido. Não há muitas pessoas capazes de dominar essas habilidades, mas quem consegue é respeitado por seu alto nível de capacidade e sua atitude impecável e confiante.

Se você sabe apenas o suficiente sobre algum assunto, seu progresso irá se estagnar; por isso, é bom sempre tentar saber mais do que o suficiente, para poder se manter confiante e sereno. Além disso, se você estiver de fato confiante e sereno, continuará sendo bem-sucedido até encontrar seu próprio limite. Seu futuro será dourado.

Neste capítulo, falei sobre o que você pode fazer quando jovem a fim de crescer, ser bem-sucedido e criar um futuro brilhante para si próprio.

Nestes ensinamentos, inseri muitas "sementes do sucesso" e, na realidade, elas servem para que você se torne uma pessoa de elite. Mas tudo o que foi dito se aplica a qualquer situação da vida; portanto, mesmo que você não consiga captar bem as minhas sugestões num primeiro momento, não se apresse e pense em "como poderá colocar tudo isso em prática na sua vida" e fazer tudo isso trabalhar a seu favor.

Acredite que "seu futuro será brilhante". Tenha fé. Viva uma vida positiva e produtiva com base na fé.

O que importa é ser positivo e produtivo. Não alimente pensamentos negativos. Pense de modo positivo. Alimente boas expectativas para o futuro, e seu caminho irá se abrir.

Esta não é apenas uma receita para o sucesso individual, mas uma diretriz infalível para criar um futuro brilhante para uma nova civilização.

i am fine
SUCE

capítulo 2

Como Ser Bem-sucedido

1 Mantenha uma Atitude "Estou Bem!"

Lembranças de Estudante

Neste capítulo, gostaria de oferecer uma breve introdução acerca do estado mental "estar bem", sobre o qual escrevi de maneira mais extensa no livro intitulado *Estou Bem!*[2], e a importância de se manter nesse estado.

Tenho uma lembrança particularmente forte, do tempo em que era estudante, associada à frase "Estou Bem!".

Nas manhãs de segunda-feira, nossa primeira aula era de redação em inglês. Na primeira aula de uma segunda-feira, nosso cérebro ainda está acordando, começando a entrar aos poucos no ritmo da nova semana. Naquela época, ainda não tínhamos aulas de conversação; no entanto, a aula de redação funcionava como um substituto para a conversação, e, no início, o professor sempre conversava um pouco em inglês conosco.

Sua teoria era de que a segunda-feira, por ser o primeiro dia da semana, era um dia muito importante, e tínhamos de começar a semana com entusiasmo. Assim, quando ele entrava, fazia um gesto acolhedor com a mão e perguntava: *How are you?*

2 Publicado pela IRH Press do Brasil em 2013.

("Como estão vocês?"). Assim, todas as semanas, iniciava nossas aulas de redação em inglês.

Como eu me sentava na primeira fileira, certo dia o professor me perguntou: "Como vai?", e respondi que não estava muito bem, que me sentia muito cansado.

Então, ele explicou que, quando alguém pergunta em inglês *How Are you?* ("Como vai?"), você deve responder *I'm fine, thank you* ("Estou bem, obrigado"), e que em seguida deve completar perguntando: "E você?"

Então, argumentei: "E se eu estiver resfriado? Mesmo assim preciso dizer que 'Estou Bem!'? Isso não seria mentir?"

O professor explicou que, nesses casos, dizemos: "Estou bem, apesar de um pouco resfriado". Dizer "Estou bem!" é apenas uma forma educada de responder ao outro interlocutor. Em japonês ocorre a mesma coisa. Se alguém lhe pergunta "Como vai?", em geral não é educado responder algo como "Não estou me sentindo nada bem hoje", ou "Estou muito cansado" ou "Que segunda-feira deprimente, não?". Em vez disso, você apenas diz "Estou bem!".

Às vezes, me recordo dessa conversa com o professor. Não me lembro muito das aulas dele, mas sinto que o que ele me disse naquele dia era uma verdade importante. Começar a primeira aula da semana dizendo coisas como "Estou muito cansado" ou "Não me sinto nada bem" não é uma atitude recomendável.

Concordo plenamente com meu professor. Não importa como você realmente se sente; quando alguém lhe pergunta: "Como vai?", você responde: "Estou bem!". Depois, pode acrescentar o que quiser. É só uma maneira de ser educado com quem você conversa, mas também uma "forma de se controlar". Ele estava absolutamente certo. Já quase esqueci as coisas que vi nas aulas dele, mas aquele dia aprendi algo: "A língua inglesa é muito positiva".

Um Cumprimento no Estilo "Zen"

Isso me lembra outra história interessante sobre cumprimentos. Quando Bill Clinton visitou o Japão como presidente dos Estados Unidos, o primeiro-ministro japonês foi cumprimentá-lo; apertou sua mão, só que em vez de dizer: *How are you?* ("Como vai?"), ele se confundiu e disse: *Who are you?* ("Quem é você?").

Se alguém lhe perguntasse: *How are you?*, Clinton naturalmente responderia: *I'm fine!*. Mas como a pergunta havia sido: *Who are you?*, ele disse: *I'm Mrs. Clinton's husband.* ("Eu sou o marido da senhora Clinton"), dando uma de suas típicas respostas bem-humoradas.

Não tenho certeza se isso ocorreu de fato, mas, segundo dizem, esse foi o diálogo.

Como muito poucas pessoas testemunharam a cena, não temos plena certeza, mas, levando em conta que se tratava do mesmo primeiro-ministro que uma vez leu "it" e interpretou como "isso", e não como a abreviatura "IT" (que se refere a *Information Technology* ou "Tecnologia de Informação"), não seria algo de se surpreender.

Para os japoneses, frases como *How are you?*, *Who are you?* e *How do you do?* são difíceis de entender. Por isso, as palavras não saem facilmente quando eles estão diante de um estrangeiro.

Mas isso não é uma crítica séria ao antigo primeiro-ministro. Na verdade, talvez houvesse até um sentido mais profundo por trás da pergunta. Se alguém que você conhece de repente lhe perguntar: "Quem é você?", isso soa quase como uma pergunta "Zen". Se me perguntassem: "Quem é você?", eu poderia responder: "Sou El Cantare", mas sem dúvida precisaria refletir um pouco antes de dar essa resposta.

Portanto, pode ser que houvesse um sentido profundo por trás da pergunta do ex-primeiro-ministro, mas o que quero dizer com tudo isso é que os cumprimentos são muito importantes.

A Postura Mental Constrói uma Pessoa

A maneira de dizer as coisas é muito importante, porque nossa linguagem reflete a forma como encaramos a vida. Vou lembrar esse ponto várias vezes ao longo do livro, e já abordei esse assunto em muitas de minhas palestras, pois é extremamente importante o que pensamos continuamente.

Não estou me referindo "aos pensamentos eventuais que temos no decorrer de um dia", mas àqueles que temos continuamente por um, três, cinco, dez ou vinte anos. Os pensamentos que fazem parte da sua vida diária são aqueles que criam você. "Sua atitude mental", portanto, é determinante nisso.

Não estou dizendo isso para consolar as pessoas. Essa é a mais pura verdade. É uma coisa real. "O que está na sua mente, apesar de não ser visível aos olhos, é o que cria seu futuro." Insisto em dizer isso porque realmente quero que as pessoas compreendam e experimentem por si mesmas. Nesse sentido, um ponto essencial é adotar a atitude "Estou bem!".

Certa vez, dei uma palestra intitulada "Não Perca a Fome de Vencer"[3], na qual eu disse que, desde que você não perca a "fome" de adquirir novos conhecimentos e melhorar, será sempre jovem, não importa a sua idade. Do mesmo modo, acredito que a atitude "Estou bem!" é importante não só para a geração jovem, mas também para os mais velhos.

Sobretudo para as pessoas que estão doentes e precisam passar um tempo hospitalizadas, ou os ido-

---

3 Ocorrida em 6 de julho de 2007, Tokyo Shoshinkan, publicada no livro *The Laws of Courage*, IRH Press.

sos que precisam de cuidados, é muito importante que preservem a força mental que os leva a dizer "Estou bem!" e sorrir nas interações com os outros. Isso reflete uma atitude positiva em relação à vida, e é uma maneira de expressar amor àqueles que estão à nossa volta.

A partir de agora, toda vez que se flagrar reclamando ou dizendo algo negativo, tente adotar uma atitude positiva e dizer: "Estou bem!". Na minha opinião, esta é uma postura que vai ajudá-lo muito.

2 Pense de Forma Mais Simples

Quanto Mais Conhecimento e Experiência, Mais Complexa a Forma de Pensar

O livro *Estou Bem!* traz a essência dos ensinamentos que venho transmitindo, e como escrevi no seu prefácio, acredito que esses princípios são importantes para pessoas de qualquer idade e etnia.

Portanto, em vez de simplesmente criar um manual de conduta, procurei incluir vários ensinamentos universais, de modo que pudesse servir também como um guia para o trabalhador e que fosse útil para muitas pessoas em diferentes situações.

Se você examinar o sumário do livro, verá que são abordados vários assuntos importantes, por isso gostaria de apresentar aqui um resumo desses pontos.

Em primeiro lugar, no Passo 1, o livro fala sobre como "viver de forma simples e agradável". Esse é um princípio surpreendentemente importante.

Quando uma pessoa estuda bastante e acumula experiência, sua mente acaba se tornando muito complicada. Ao acumular muito conhecimento, ela passa a produzir uma infinidade de pensamentos, e quando experimenta várias situações, sem perceber também começa a ter pensamentos negativos. Com isso, acaba tendendo a complicar as coisas, e com frequência fica indecisa ou imobilizada diante de algum dilema. O tempo que gasta sofrendo com essas coisas torna-se cada vez maior.

O fato de ficar mais experiente e acumular mais conhecimento deveria deixar a pessoa mais inteligente; no entanto, é cada vez maior o número daquelas que sofrem longas horas com preocupações e problemas à medida que chegam aos 30, 40, 50 e 60 anos. Elas deveriam ter se tornado mais espertas, mas, em vez disso, sua maneira de pensar ficou mais complicada, e elas perdem a capacidade de agir em termos práticos.

Quando somos jovens, ainda não temos muito conhecimento nem experiência, mas contamos com uma boa dose de coragem e somos capazes de agir de modo decidido. Porém, ao envelhecermos, aos poucos perdemos essa capacidade e começamos a agir de forma defensiva.

Isso porque começamos a ter pensamentos como: "Até aqui as coisas foram bem assim, então por que deveria mudar?" ou "Se eu partir para aquilo, não vou mais poder fazer isso aqui". Por isso afirmo que é importante ficar atento e se esforçar para pensar com simplicidade à medida que a idade avança.

Em certo sentido, treinar a si mesmo para manter as coisas simples e continuar tendo senso prático, mesmo que seu conhecimento e sua experiência sejam maiores, é o verdadeiro significado da palavra "sabedoria".

Limpe Todas as “Teias de Aranha” – Treine para Ser Simples e Prático!

Se você não tiver cuidado, sua mente ficará cheia de “teias de aranha”. Se sua mente ficar embaralhada, como se estivesse cheia de teias de aranha, logo vai se sentir incapaz de se mover e de agir.

Precisamos evitar que essas teias sejam formadas, e, para isso, devemos praticar a atitude de sermos “simples e práticos”. Se estiver ciente disso e fizer o melhor para treinar a si próprio, você conseguirá.

Pergunte a si mesmo se há teias de aranha na sua mente nesse momento, se você sente que seu coração ou sua alma estão presos numa teia, como uma pobre borboleta incapaz de fugir ou de se mexer. Faça sempre um exame cuidadoso de sua própria condição.

Essas “teias de aranha” são nossos apegos e limitações, como as dificuldades de relacionamento ou as que costumamos experimentar no ambiente de trabalho. Se sentir que está ficando preso nessas armadilhas, procure destruí-las imediatamente e pensar de forma simples. Isso é muito importante, mas, na realidade, é uma tarefa bem difícil. No entanto, o resultado será compensador, pois, quando passar a pensar simples, sua capacidade de agir aumentará.

Pensar simples permite agir com facilidade. Você saberá para que lado ir, conseguindo tomar decisões e se mover rapidamente.

Em algumas situações, temos a sensação de que estamos presos numa teia de aranha, ou, usando outra analogia, é como se fôssemos um barco encalhado no gelo no Polo Sul, incapazes de nos movermos para qualquer lugar. Na vida, devemos ser como um navio quebra-gelo, que vai abrindo caminho pelo gelo grosso e continua seguindo sem parar.

Tenha Coragem de Descartar o Desnecessário e Escolher o Importante

Por pensarem de modo complicado, muitas pessoas inteligentes acabam ficando imobilizadas. Gostaria que elas percebessem o quanto é bom viver de forma simples e clara.

Viva a vida de maneira alegre e simples. Não fique apegado ou se agarrando às raízes, não pense demais a respeito dos outros, não guarde ressentimentos nem fique enciumado. Seja prático ao lidar com as coisas. Esse é o sentido da "simplicidade".

Além disso, as pessoas que são capazes de pensar de forma prática, num certo sentido são valentes. Ser valente pode ter vários significados, mas neste caso representa "ter a coragem de abandonar até as coisas que deseja e escolher o que realmente é importante". O apego surge de várias formas, mas aqueles que desejam agarrar tudo, perdem sua capacidade de movimento. Seja valente. Descarte o que precisa ser descartado e escolha o que é importante. À medida que conseguir fazer isso, seu coração e sua mente ficarão mais leves.

Nesse sentido, aqueles que almejam uma vida simples e digna, na verdade são pessoas sábias na forma de viver. O fato é que manter-se demasiadamente preso às preocupações não passa de um grande desperdício de tempo.

O Egoísta Costuma Se Apegar ao Complexo de Inferioridade

Sobretudo na juventude há uma tendência de se nutrir um complexo de inferioridade. No entanto, não existe uma pessoa sequer que não tenha alguma forma de complexo de inferioridade. O problema é "quando alguém arrasta esse sentimento por muito tempo".

Carregar um complexo de inferioridade desde a infância até os 50, 60 ou 70 anos é um tempo excessivo. Em algum ponto do caminho é preciso se livrar desse sentimento e transformá-lo em algo diferente.

Como não é possível ser criança para sempre, em algum momento a pessoa precisa crescer e virar um adulto. Mas, enquanto deseja receber a "piedade" dos outros, ela ainda não deixou de ser uma criança. Principalmente quando considera que seus pais devem ajudá-la de alguma forma, de fato está agindo como uma criança.

Na verdade, quando uma pessoa se torna adulta, ela é que deve passar a ajudar os outros, e não mais ficar esperando que os outros continuem a ajudá-la.

Os indivíduos que alimentam sentimentos de inferioridade ficam tão ocupados com os próprios problemas que não têm tempo de pensar nos outros. Só pensam em si mesmos, preocupados se irão se salvar, o que acaba limitando seu crescimento.

Pessoas com complexo de inferioridade só veem as coisas pelo seu ponto de vista, pois acham que possuem um coração puro e transparente, tão delicado que facilmente pode se quebrar, como se fosse de vidro ou cristal. Mas o grande erro é deixar que esse sentimento se estenda por muitos anos.

Esse tipo de pessoa em geral é um egoísta que mudou a roupagem. É normal sentir algum complexo de inferioridade, mas, ao deixar que esse sentimento se prolongue por muito tempo, a pessoa se torna egoísta ou alguém que só pensa em si próprio. Que tal se, por um tempo, ela tentasse esquecer de si mesma e voltasse seus olhos para os outros?

Com certeza, não deve haver ninguém neste mundo que não tenha algum complexo de inferioridade, mas o importante é superar esse sentimento. É preciso passar de uma pessoa que só pensa em si para uma que pensa em ajudar os outros a resolverem seus problemas. Para isso, é necessário olhar dentro do coração e perceber como pensamos.

3 Tenha Coragem e Enfrente os Problemas, em vez de Fugir Deles

Encare os Problemas de Forma Positiva, Usando-os para Polir a Si Mesmo

A seguir vou explicar sobre o Passo 4 do meu livro *Estou Bem!*, intitulado "Torne-se uma pessoa mais resistente". Para isso, é preciso encarar os problemas, as dificuldades e responsabilidades que surgem na vida de maneira positiva.

Você não nasceu neste mundo para viver sossegado. De acordo com a filosofia que ensinamos na Happy Science, o objetivo da vida é aprimorar-nos para nos elevar ao próximo nível, e fazer com que nossa luz brilhe mais intensamente.

Assim, se aparecem problemas difíceis em nossa vida, é porque somos capazes de lidar com eles. Não nos chegarão fardos maiores do que conseguimos carregar.

Por mais terríveis que sejam as dificuldades da vida, o fato é que, no final, todos morreremos. Embora todos os problemas acabem quando morremos, antes que isso ocorra é preciso aceitá-los de modo positivo, como se fossem suprimentos para cultivar nosso crescimento. Algumas pessoas desenvolvem o hábito de fugir dos problemas deste mundo, pois se consideram incapazes de resolvê-los, ou acham o seu trabalho muito difícil e preferem sair dele, dizendo que estão acabadas, que estão trabalhando demais. Por isso, muitas pessoas têm o hábito de reclamar dizendo: "Não sou capaz", "Não consigo".

Na verdade, são essas frases e palavras que causam a maior parte da infelicidade das pessoas. Reflita para verificar se não está pensando nessas coisas ou falando delas. Antes de proferir tais palavras, tente parar um pouco e aceitar seus problemas em silêncio.

Quando surgirem pensamentos como: "Estou tendo que passar por esse problema", "Não mereço ficar com a parte mais difícil do trabalho", "Veja as dificuldades da minha vida", procure parar e aceitar calmamente, pensando sobre as razões pelas quais esses problemas estão surgindo em sua vida. Passe a encará-los como possíveis nutrientes para seu aprimoramento.

Nessas horas, lembre-se de que você não deve fugir, mas adotar uma atitude de enfrentar e lutar.

Seja Corajoso

No final, o que vale é a coragem. A capacidade de cada pessoa não é tão diferente assim. Na verdade, o que você precisa ter é coragem.

Pelo contrário, quando as pessoas têm muito conhecimento ou se encontram numa posição de destaque, acabam perdendo a coragem, e isso se torna fonte de problemas.

Vamos pegar, por exemplo, alguém "que tenha estudado muito na vida". Digamos, um professor universitário. Ao ver um professor da Universidade de Tóquio, por exemplo, o mais comum é que as pessoas pensem que "se trata de alguém que estudou bastante" e que é muito mais capaz que os outros. Mas pode ser que esse professor se sinta intimidado com as grandes exigências que sua reputação lhe impõe e não tenha coragem de escrever um único livro sobre suas teorias, receando se expor porque talvez não seja capaz de atender às expectativas.

Um professor da Universidade de Tóquio é uma figura de autoridade, e a ideia de que possa escrever um livro ruim, que possa ser criticado e menosprezado pelos colegas, é algo assustador, e ele não consegue ter coragem para escrever. Então, vai adiando e se justificando: "Preciso pesquisar muito mais antes de escrever o livro". E acaba se impondo tantas restrições que não consegue nem tentar sequer começar o livro. Não há dúvida de que ele é inteligente e que estudou muito a vida inteira, portanto, para ele deveria ser fácil escrever muitos livros, mas ele acaba se limitando.

Ocorre a mesma coisa quando trabalhamos numa empresa. Assim que somos promovidos a um cargo de maior responsabilidade dentro de uma grande corporação, precisamos ter coragem para tomar decisões, mas o que acontece é que acabamos examinando fatores demais ou buscando muitas obras de referência e, no final, os documentos vão ficando empilhados e não tomamos as decisões necessárias. Assim, desenvolvemos o hábito de fugir dos problemas.

É comum que pessoas competentes não consigam produzir resultados à altura. O que lhes falta é coragem. Por isso, ter coragem é muito importante.

Se uma pessoa tem coragem, ela é capaz de mudar. Quando chega a hora de decidir mesmo, a coragem é a única coisa com a qual se pode contar. Já o conhecimento e a capacidade têm limites.

Quando Pressionadas, as Pessoas Se Superam

No livro *O Ponto de Partida da Juventude*[4], por exemplo, expliquei que "gastei muito tempo estudando inglês, mas mesmo assim não me sentia num nível que me permitisse usar a linguagem livremente".

Embora tenha realizado, em outubro de 2007, um seminário no qual abordei esse assunto numa palestra intitulada "Não Perca a Fome de Vencer", um mês depois, em 18 de novembro, acabei sendo obrigado a dar uma palestra em inglês no Havaí, cujo título era "Seja Positivo!". Como isso ocorreu

4 Publicado em japonês pela IRH Press Japan.

um mês depois, não foi possível me antecipar e me preparar. Mas, quando você se encontra em determinada posição, há coisas que você simplesmente tem de fazer. É assim e pronto. "É o que seu cargo exige de você."

Na época, ainda não tinha dado nenhuma palestra em inglês no exterior; essa foi a primeira vez em minha vida. Eu precisaria ficar diante de uma plateia de nativos da língua inglesa e dar a palestra na língua deles. Como sou líder espiritual e religioso, fundador da Happy Science, não poderia fugir dessa tarefa. Isso não tinha nada a ver com o fato de meu inglês ser péssimo ou ótimo. Na ocasião, pensei que já me sentiria satisfeito só de conseguir que as pessoas compreendessem o significado aproximado dos meus ensinamentos.

Se você se encontrar numa posição em que tenha de realizar algo, não há outra solução. Nessa situação, a única coisa que resta é a coragem.

Após a palestra realizei uma sessão de perguntas e respostas, e, naturalmente, havia muitos falantes nativos de inglês, inclusive japoneses que já viviam há vários anos no exterior e falavam um inglês perfeito, como nativos. Percebi que eles falavam muito melhor do que eu, mas era eu quem estava fazendo a palestra.

Sem dúvida, não é o ideal que o palestrante, ao fazer uma palestra em inglês, não domine tão bem a língua quanto as pessoas que estão lá assistindo, mas isso faz parte do trabalho. Um verdadeiro profissional não foge às suas responsabilidades. Quando temos uma tarefa a cumprir, precisamos assumir e seguir em frente.

Bem, de um jeito ou de outro, consegui realizar minha palestra no Havaí, embora tivesse contado apenas com três dias para praticar o inglês. Não tive mais tempo do que isso para estudar, mas mesmo assim consegui obter sucesso. Já fazia mais de vinte anos que eu havia usado o inglês no meu trabalho, por isso, três dias antes da palestra no Havaí, fiz uma espécie de curso intensivo, ouvindo inglês por mais de dez horas por dia. Foi dessa forma que fui ao Havaí e fiz a palestra. É engraçado, mas justamente quando o ser humano é pressionado é que ele consegue se superar de alguma forma.

Depois que fizer isso uma vez, "vai perceber que é capaz de dar um jeito de lidar com a situação". Foi a partir dessa minha primeira palestra no Havaí que comecei a dar muitas palestras em inglês.

Já fiz milhares de palestras em japonês até agora, ou seja, estou acostumado a fazer palestras; por isso, mesmo não tendo um inglês de boa qualidade, muitos dos que compareceram à palestra acharam meu inglês bom, embora eles fossem mais fluentes do que eu no idioma.

Também temos muitos jovens trabalhando para a nossa organização cujo inglês é bem melhor do que o meu, mas eles não são experientes em fazer palestras. Então, no final, o que conta é somente a coragem.

Use o Poder da Autossugestão para Se Inspirar e Se Animar

Acho que, no futuro, cada vez mais pessoas na faixa dos 40, 50 ou mesmo 60 anos de idade ou mais, irão aprender novas línguas e mudar de emprego.

Quando alguém sai de um emprego e começa a trabalhar em outra empresa, no início irá enfrentar muitas tarefas nas quais não tem experiência e não conhece bem. E, honestamente, todo mundo fica um pouco assustado quando precisa fazer algo que não tenha experiência. Para os jovens, é fácil começar algo novo, mas para aqueles que têm 60 anos, é muito penoso começar um novo trabalho.

Mas, se no emprego anterior você era um gerente que comandava 50 pessoas e tinha capacidade de liderança, mesmo que comece a trabalhar em outra empresa, não vai demorar muito para apresentar melhores resultados do que alguém que nunca trabalhou antes, graças à sua habilidade em gerenciar e tomar decisões, à sua experiência e à sua capacidade administrativa.

Nesse sentido, você precisa ter confiança em si. Para isso, precisa se motivar e encorajar a si mesmo.

O mais importante é você entender que a autossugestão é uma ferramenta poderosa. Da mesma forma que ter uma atitude do tipo "estou bem!", é muito importante você se sugestionar repetidamente.

Diga: "Estou bem! Posso fazer isso. Tenho certeza de que eu posso fazer isso." Repita para si mesmo com a maior frequência possível. Aqueles que ficam o tempo todo dizendo a si mesmos que são capazes de realizar algo, cedo ou tarde se tornam capazes de fazê-lo. É possível recomeçar em qualquer idade.

Por isso, também é muito importante não reclamar demais. Se você ficar arrumando desculpas e dizendo para as pessoas à sua volta: "Não consigo fazer isso, não consigo fazer aquilo", nunca conseguirá realizar nada. Pense positivamente. Diga coisas como: "Sou capaz de fazer isso" e "Vou aprender como é que se faz".

Use o "Poder do Hábito" para Treinar a Si Mesmo

O mesmo raciocínio vale para o corpo. Você nunca é velho demais para treiná-lo. Treinamento não tem nada a ver com idade. Quando saio para fazer caminhadas, sempre vejo um senhor de idade – deve ter mais de 80 anos – que anda realmente rápido. Ele passa por mim como um raio. É muito engraçado! Ele é tão rápido que eu precisaria de uma bicicleta para alcançá-lo. Tenho certeza de que ele anda a mais de 6 quilômetros por hora. Ou seja, apesar da idade, ele tem pernas muito fortes. Isso é perfeitamente possível para muitas pessoas.

Por outro lado, algumas pessoas na casa dos 20 anos já ficam ofegantes mesmo subindo uma ladeira leve e precisam parar para recuperar o fôlego. E qual é a diferença entre essas pessoas e o velhinho que sempre passa por mim como um raio? É que ele obviamente treina. Pessoas que treinam todo dia ficam mais fortes.

Quando digo "treino", refiro-me ao "poder do hábito". Não importa se estamos falando de esportes ou estudos, as pessoas com bons hábitos se tornarão vencedoras. No início, você precisa ter força de vontade; mas, depois que o hábito se estabelece e você faz a mesma coisa repetidamente, sem perceber, ficará cada vez mais forte.

Por exemplo, na língua inglesa, se você adquirir o hábito de aprender dez novas palavras por dia, não vai demorar muito e estará com um bom vocabulário. Ou, então, o exemplo da caminhada. Se você anda de 30 minutos a uma hora todo dia, antes que se dê conta já terá pernas realmente fortes. Isso vale para qualquer coisa.

A atitude "estou bem!" ou "vou me fortalecer" consiste em sempre estimular a si mesmo para estar bem de fato. No final, você acabará se sentindo assim. Por isso, é de grande importância criar bons hábitos.

4 Torne-se Capaz de Gerar Sua Própria Energia

Esforce-se para "Transmitir uma Imagem Positiva"

No Passo 7 do livro *Estou Bem!* escrevi sobre como emanar uma imagem positiva o tempo todo. Este é outro ponto importante.

Se toda vez que você abre a boca solta palavras pesadas, negativas, você se torna um profeta da infelicidade. Uma pessoa que vive falando que as coisas podem piorar, que o seu negócio poderá falir ou que a situação no mundo irá ficar mais complicada, vai aos poucos perdendo os amigos, porque ninguém mais quer ouvir o que ela tem para falar.

Por isso é muito importante transmitir uma imagem positiva. Todos nós gostamos de pessoas alegres que nos dão energia ao chegarmos perto delas, que nos fazem sentir melhor. Portanto, todos devemos fazer um esforço para emanar uma imagem positiva.

Se você tem hábito de dizer coisas negativas, esforce-se para corrigir isso. Os adolescentes também costumam usar palavras pessimistas, mas se não tiverem cuidado, ao se tornarem mais velhos, tais palavras negativas começarão a fluir de sua boca naturalmente.

Na maioria das vezes, isso pode ser decorrente de algum trauma físico ou psicológico que a pessoa sofreu, mas mesmo assim tais palavras pessimistas farão com que ela seja detestada pelos outros. Por isso, é de extrema importância que se esforce para emanar positividade e dinamismo.

Algumas pessoas reclamam dos dias chuvosos, dizendo que ficam deprimidas; já outras se sentem bem e aproveitam o dia para estudar.

Algumas reclamam ao pensar que não poderão aproveitar um feriado prolongado para se divertir por causa do mau tempo. No entanto, outras se sentem felizes e orgulhosas por ficarem estudando enquanto muitos estão gastando o tempo para se divertir.

As que sentem orgulho por passar os feriados estudando não estão nem um pouco erradas. Pode estar certo disso. Podemos chamá-las de pessoas extraordinárias. Por favor, continue pensando sempre positivamente.

Seja uma Pessoa que Emana Luz, e Não Trevas

Ao adotar essa forma de pensar, você conseguirá ajudar a si próprio, mesmo quando outros não o ajudarem. Chamo isso de "gerar sua própria energia". Quero que todas as pessoas sejam capazes de gerar a própria energia – que saibam iluminar a si mesmas, que consigam emanar luz. Essa é a meta. Desejo que todos se tornem emissores de luz.

O mundo está repleto de pensamentos sombrios. Na verdade, encontra-se nas trevas. Meu ideal é criar muitas pessoas capazes de preencher o mundo de luz.

Enfim, o mais importante é que cada pessoa consiga emitir luz com suas próprias forças. Estou falando sobre como as pessoas poderão se tornar seres que emanam luz. Como não dá para fazer com que o mundo inteiro emane luz de forma contínua, estou ensinando maneiras para as pessoas se tornarem fonte de energia e brilhar.

Assim, por favor, aprenda este método de fazer sua chama interior brilhar por si mesma. Se você conseguir manter um estado mental continuamente positivo e decidido, que possa usar em qualquer situação, poderei dizer que ao menos consegui salvar uma pessoa dentre os 7 bilhões existentes na Terra. Em seguida, você será capaz de salvar aqueles que estão à sua volta.

Desejo que haja luz no mundo, que de alguma forma brilhe e se oponha às trevas. E o que vem a ser as trevas? Trata-se da ilusão e da ignorância devido ao desconhecimento da Verdade, conhecida no budismo como *avidya*. É um estado mental onde predominam as reclamações, a insatisfação e os desejos excessivos. Quando examinamos o coração de uma pessoa e olhamos sua essência, e não conseguimos ver nada além de lodo e coisas horríveis, que nos causam desconforto, pode ter certeza de que isso são as "trevas".

Não devemos nunca ser uma pessoa das trevas. É necessário que nos tornemos "fontes de luz".

Mas, se você se deixar levar por reclamações, queixas e insatisfações, não estará errado se nesse momento sentir que vive num mundo infernal. Primeiro, precisa perceber que dessa forma está se tornando um habitante do inferno. Então, começar a pensar no que fazer para sair disso antes que seja tarde demais, pois, se morrer com esse tipo de pensamento, será o mundo para o qual irá. Gostaria que refletisse sobre uma forma de sair disso.

Pare de Arrumar Desculpas para Se Justificar

É preciso pensar em alguma forma de sair do mundo infernal. Procuro ensinar sempre que é necessário corrigir a forma de usar a mente. Primeiro, é fundamental que você plante boas sementes no coração. Em seguida, examine sua forma de pensar e qual postura mental tem adotado continuamente. Por fim, avalie que tipo de atitude precisa ter.

As pessoas que têm tempo de ficar reclamando devem se perguntar se não seria possível se comportar de forma mais construtiva, positiva e corajosa.

Um ponto que gostaria de ressaltar é que as pessoas devem parar de inventar desculpas para justificar o que deixam de fazer. É melhor pensar em algum modo de progredir aos poucos. Aqueles que primeiro se esquivam com desculpas podem achar que são inteligentes, mas na verdade estão sendo desonestos. Quanto mais a idade avança, mais astutos se tornam, dando muitas desculpas. Sobretudo as pessoas que se julgam inteligentes têm essa tendência de inventar desculpas para se justificar e escapar. Por isso, precisam refletir e parar de se esconder atrás de pretextos. É melhor que se esforcem para pensar de forma mais positiva.

Se, no seu trabalho, você ficar arrumando justificativas porque não fez suas obrigações, sua empresa nunca melhorará. As pessoas que podem ajudar uma empresa são aquelas que tentam descobrir o que fazer para melhorar as coisas. Não importa se o caso é de salvar a empresa de uma recessão ou de ajudá-la a expandir quando a economia prospera. Na verdade, somente as pessoas positivas podem ser úteis a uma empresa.

Em geral, à medida que envelhecemos, perdemos nossa força. As pessoas que se mantêm dinâmicas, mesmo quando envelhecem não têm dificuldade em mudar de emprego. As coisas são simples assim.

Aqueles que costumam arrumar desculpas para justificar por que não arrumam emprego, dizem que este mundo é injusto e que eles não encontram emprego porque envelheceram, ou alegam que se encontram numa situação difícil porque têm um salário muito baixo, ou ainda que é tudo culpa do governo. No entanto, precisam mudar de atitude, mudar seus hábitos, a maneira de se relacionar e de pensar sobre as coisas.

Quem Vive Reclamando Não Tem Sorte no Amor

Gostaria de ressaltar outro ponto. Uma pessoa que só vive reclamando, que acha que não tem valor e se queixa dizendo que ninguém gosta dela, dificilmente vai despertar amor nos outros.

É muito difícil que uma pessoa assim tenha sorte no amor, e, acredite, existe muita gente nesta condição. São pessoas derrotistas, que acabam atraindo a própria desgraça. Elas já aceitam o fracasso de antemão para evitar mais uma decepção, e, quando são rejeitadas, só sabem dizer: "Não falei? Não adianta tentar, é sempre assim", o que faz com que se sintam seguras na própria infelicidade, por mais estranho que isso pareça. É como se armassem uma rede de segurança em cima de um grande colchão; então, quando caem, dizem apenas: "Eu tinha razão. Ainda bem que estava preparado para levar mais esse tombo".

Pessoas assim jamais terão sucesso no amor. Portanto, se você se sente um pouco dessa maneira, por favor, mude de atitude! É claro, jovens que declaram seu amor a uma moça ou que a pedem em casamento, muitas vezes são rejeitados, mas é preciso considerar também que as mulheres querem de vez em quando ter a oportunidade de rejeitar alguém. Se você não lhes propuser namoro, elas nunca terão a chance de rejeitar ninguém. As mulheres querem que alguém lhes dê essa oportunidade, e ficarão felizes com isso.

Algumas delas na realidade gostam de homens mais ousados. Elas pensam: "Gostei desse rapaz, mas ele nunca me pediu em namoro. Ele fica se segurando, então não tenho sequer a chance de rejeitá-lo – que coisa chata! Queria pelo menos poder dizer um grande "Não!". Já planejei rejeitá-lo umas duas vezes, e depois, se ele ainda se mostrasse insistente e me pedisse uma terceira vez, aí eu diria que sim". Algumas mulheres às vezes pensam e repensam tais coisas muitas vezes. Elas querem ter a oportunidade de escolher um homem, e você pode lhes dar essa chance.

Se você encarar isso desse modo, verá que não é tão ruim assim, no balanço final, ser rejeitado ao fazer uma proposta a uma mulher. Encare isso simplesmente como se tivesse dado a chance para alguém rejeitá-lo. Não pense só em você. Dê a uma mulher o direito de rejeitar um homem. É importante para elas terem essa oportunidade, e é importante para você continuar tentando.

Se Você Não Enfrentar os Desafios Várias Vezes, Não Conseguirá Realizar Nada

O mesmo ocorre no trabalho. Os jovens provavelmente têm grandes expectativas em relação ao trabalho, só que a maioria de seus planos não se realiza e muitas vezes nem sequer foi tentado. Mas as pessoas que não desistem de suas ideias são vistas com bons olhos por seus chefes. Pessoas persistentes, ambiciosas, podem levar o chefe a pensar: "Olha só esse rapaz – parece ser promissor. Muito bom!"

Qualquer chefe rejeitaria a primeira sugestão feita por um jovem subordinado. Pode ser que pense: "Ainda não faz nem um ano que esse rapaz trabalha aqui" ou "Acho que ainda é um pouco cedo". Por melhor que seja a proposta feita, em muitos casos as ideias de funcionários novos são descartadas. Muitas vezes, seu chefe pode ter rejeitado uma sugestão sua pensando: "Que atrevido, ele está aqui há muito pouco tempo; se eu aceitar a ideia dele, seus colegas mais antigos ficarão com ciúmes".

Portanto, mesmo que ouça um "Não!", não se deixe abater. Pense: "Eles rejeitaram minha ideia, mas ainda estou convencido de que deveríamos fazer isso". Você precisa dizer-lhes o que pensa sobre sua proposta recusada, em cada oportunidade. Com isso, repetindo seu ponto de vista em relação ao projeto, no final acabará convencendo as pessoas.

Se um chefe aceitar de imediato a opinião de um novato inexperiente, os funcionários mais antigos podem ficar enciumados e tentar prejudicá-lo, por isso é normal ter uma proposta rejeitada da primeira vez.

Com frequência, esse tipo de situação também serve para testar as pessoas e descobrir se elas têm potencial para crescer no futuro. Essa é a razão pela qual alguns jovens funcionários muitas vezes ouvem comentários como: "A ideia do seu projeto não serve" ou "Está falando sério? Veja bem, você não é mais universitário. Aqui no mundo real você precisa apostar mais alto". São apenas observações para intimidá-lo um pouco e ver como você reage.

Os chefes gostam de quem não cede fácil diante de uma rejeição e continua a dar ideias, é persistente e não desiste com facilidade. Um chefe exigente sempre procura funcionários com uma estrutura sólida.

Os mesmos princípios que podem ajudá-lo nas relações com as mulheres também são úteis no mundo do trabalho. Assim, se você concluir que "isso é o correto!", mantenha-se firme e tente várias vezes até consegui-lo.

Um ponto-chave é manter-se no ataque e nunca desistir. Faça o possível para realizar essa transição, abandonando uma vida de desculpas e pretextos, passando para uma atitude positiva e ativa! Desse modo, você conseguirá muitas realizações. Quero que você seja bem-sucedido.

capítulo

3

Think Big! Pense Grande!

1 Os Pensamentos Têm Poder

Muitas Pessoas Desconhecem a Força do Pensamento

Neste capítulo, vou explicar o significado de *Think big!* (Pense grande!). O sentido da frase parece óbvio e natural, mas ninguém ensina como fazê-lo. Não se aprende isso na escola, e mesmo depois que você passa a trabalhar, não há muita gente que possa lhe ensinar a pensar grande. Mesmo que você encontre esse tema em outro livro, parece soar como algo de um mundo completamente diferente do nosso, um problema que não tivesse nada a ver conosco. Por isso, gostaria de lhe dar uma correta compreensão do significado de "Pense grande!"

Se você for a uma livraria nos Estados Unidos, vai encontrar prateleiras cheias de livros desse tipo, o que mostra a imensa demanda por essa maneira de pensar entre os americanos. Mas, em outros países, esse tipo de livro não é encontrado com facilidade, e isso ocorre porque muitas pessoas ainda não entenderam ainda a importância de se pensar grande.

A sociedade americana, com sua grande mobilidade, há muito tempo é um paraíso para imigrantes. Nela, se a pessoa se esforçar bastante, conseguirá tornar seus sonhos realidade; por isso, os americanos entendem a importância da força do pensamento.

Já no Japão, a principal força que move a sociedade é a da igualdade e padronização, impedindo que alguém se destaque demais. Essa força, predominante na sociedade japonesa, está ligada ao sentimento de inveja. Sempre que alguém se coloca em posição de vantagem, parece despertar um sentimento de inveja nos outros, e, se a pessoa avança mais do que outros, ela sente uma atmosfera que a puxa para baixo, passando a ter medo do próprio sucesso; tudo isso impede que muitos se destaquem.

Por isso, no Japão, as pessoas sentem que é mais seguro não se destacar demais. Essa mentalidade deve ter surgido para se protegerem dos impactos das bolhas econômicas que estouram com frequência. Quando as pessoas bem-sucedidas são vítimas de artimanhas que as outras pessoas tramam para derrubá-las, o fator poderoso que está atuando aí é a inveja.

Embora as características inerentes a cada pessoa sejam importantes, na verdade, o que produz um grande efeito é a "maneira de pensar". Muita gente não tem a menor ideia do quanto os pensamentos são poderosos.

O Pensamento Iluminador Ensina a Pensar Grande

Quando estava no final da adolescência, eu era muito falante, e as pessoas costumavam me ver como alguém autoconfiante, mas por dentro me sentia muito inseguro, pensando nos meus erros ou sobre o que os outros falariam de mim. Ainda me preocupava demais com isso quando estava com cerca de vinte e poucos anos.

Exteriormente, eu não dava essa impressão, mas interiormente me sentia inseguro. No entanto, quando passei a estudar a Filosofia do Pensamento Iluminador, aprendi essa atitude "Pense grande!" e minha maneira de pensar mudou por completo. Quando realmente entendi seu conteúdo, as coisas mudaram.

Antes, costumava me preocupar com o que os outros diziam a meu respeito, tinha medos supérfluos e me preocupava com acontecimentos que já faziam parte do passado. Não gostava de me sentir constrangido diante das pessoas, assim tinha dificuldade quando precisava falar com os outros, e sentia vergonha por isso.

Hoje, as pessoas que têm contato comigo dizem sentir-se como se estivessem "ascendendo para o Céu". É impressionante como as coisas às vezes podem mudar tanto. Sou o oposto do que costumava ser. Quando mais jovem, sempre achava que meu coração ia saltar pela boca quando precisava falar com alguém, e isso me deixava ridiculamente nervoso. Hoje, sou exatamente o oposto, porque aprendi que "o conteúdo de nossos pensamentos tem um grande impacto em nós e no nosso ambiente".

Pesquisei bastante sobre os pensadores norte-americanos e descobri que muitos deles cometeram grandes erros ou passaram por grandes dificuldades na juventude. Quando eram crianças ou adolescentes, experimentaram grandes fracassos ou perdas, ficando presos a um sentimento de inferioridade. Alguns, por exemplo, sofreram alguma doença ou um acidente, ou se sentiam inferiores aos seus familiares, não tinham dinheiro, não conseguiram estudar aquilo que gostariam, não arranjaram emprego, não foram felizes nos relacionamentos amorosos, fracassaram no casamento, falharam na criação dos filhos ou não tiveram sucesso ao mudar de emprego.

No entanto, alguns indivíduos, depois de passarem por períodos realmente difíceis, conseguiram captar algo e abrir os olhos. Embora todo mundo enfrente dificuldades na vida, poucos são os que fizeram disso uma oportunidade para captar a verdade e mudar seu destino. Conseguir superar uma crise e compreender o princípio do sucesso é algo que o torna mais forte e confiável aos olhos dos outros.

As Pessoas o Avaliam Diferentemente de Como Você Se Vê

Quando eu era jovem, gostava de falar de coisas grandiosas, mas por dentro me magoava com extrema facilidade e me sentia muito frágil.

Então, compreendi que "as pessoas não são o que seu corpo físico ou sua aparência sugerem – elas são o que pensam". "O pensamento é a realidade." Quando compreendi isso e experimentei por mim mesmo, as coisas começaram a mudar em minha vida.

Mesmo assim, muitas pessoas me viam de uma maneira muito mais elevada do que eu próprio costumava me avaliar. Essa discrepância entre minha autoavaliação e a forma como os outros me viam não desapareceu com facilidade.

Mas assim como ocorreu comigo, isso acontece quando as pessoas são perfeccionistas por princípio. Ao cometerem um simples erro, ficam incomodadas por muito tempo. Não se conformam se as coisas não saem de um modo perfeito e se sentem diminuídas.

No entanto, as pessoas à minha volta não me viam assim. Por causa dessa discrepância entre a visão dos outros e como eu me julgava, ficava preso à minha maneira pessoal de sentir as coisas, achando que os outros não me compreendiam direito.

Quando estava com uns 27 anos, fui promovido a outro cargo, e costumava ouvir: "Ao ser promovido, você não precisará trabalhar tanto assim. Ali é só ficar sentado, sem fazer muita coisa, parado".

Pensei: "Como isso é possível?" Fiquei chocado. Se me sugerissem: "Trabalhe bastante!", teria ficado mais animado, mas o que estavam me dizendo era para "não fazer nada!". Achei isso uma estupidez, mas durante os primeiros seis meses tentei não pressionar demais as coisas e trabalhei da forma mais tranquila possível. Para minha surpresa, meu desempenho tinha avaliações cada vez mais positivas.

Eu me perguntava como isso era possível. Até aquele momento, eu sempre havia trabalhado duro e me superado em tudo, e apesar disso ninguém se mostrava muito receptivo às minhas ideias. Agora, numa função em que não precisava trabalhar muito, eu vivia tranquilo, levando as coisas devagar, e, embora me segurasse para não trabalhar além do pouco que era demandado, meu desempenho era avaliado como melhor.

Essa experiência me revelou que o sistema de avaliação da sociedade japonesa não seguia os padrões normais. Isto é, quando você dá o máximo de si para ultrapassar seus limites, as pessoas à sua volta dizem seguidamente que você não trabalha direito. Eu não conseguia entender isso.

Sentia-me frustrado por não conseguir impor meu padrão às pessoas, pois minha forma de agir com empenho era o mesmo que dizer-lhes que todos eram preguiçosos e estavam roubando o salário da empresa.

Não era essa de modo algum a minha intenção, só me esforçava para chegar ao nível que queria alcançar no trabalho, e isso fazia com que os demais se sentissem preguiçosos.

Certa vez meu chefe me disse: "Ninguém aqui vai achar que você é incompetente. Apenas sente-se e fique calmo. Nem pense em tentar nos mostrar a grande capacidade de trabalho que você tem".

E, ao agir como me pediam, minha avaliação ia melhorando inexplicavelmente. Isso me deixou chocado.

Os EUA e o Japão Divergem sobre o Significado de Capacidade de Trabalho

Antes disso, eu havia trabalhado um tempo nos Estados Unidos. Lá, se você começar a protelar uma tarefa, como se não conseguisse fazê-la, as pessoas vão achar que você é de fato incompetente e dirão: "O que está acontecendo com esse sujeito? Parece um inútil!" Nos EUA, se você não disser que é capaz, "Eu posso!", ninguém irá considerá-lo competente para um trabalho.

Naquele país, não demora muito para que as pessoas reconheçam e falem de sua capacidade no trabalho. Mas os japoneses não dizem isso com facilidade para você. Se um americano vê que você é capaz de fazer sua tarefa, ele diz isso na hora. Eles identificam facilmente os que possuem competência para realizar ou não um bom trabalho.

Mesmo quando fui colocado em grupos junto com colegas americanos, as pessoas costumavam ignorar os outros do grupo e falar comigo. Os americanos são muito diretos e francos.

Foi por isso que me saí bem quando vivi nos Estados Unidos. É fácil estabelecer relacionamentos com os americanos, e fui capaz de expressar meu ponto de vista com franqueza, sem problemas. No Japão, as coisas não funcionam assim. Os japoneses têm um ditado: "Um falcão habilidoso precisa esconder suas garras". Nesse país, quem se esforça bastante parece ser visto como egocêntrico.

Como resultado, a capacidade acaba sendo trazida para um padrão comum. Assim, quando se esforçam para seguir isso, os capacitados tornam-se falcões que estão escondendo as garras, e as pessoas passam a ver isso como uma virtude.

Essa foi minha experiência, e não a considero muito interessante. Pessoalmente, gostaria de trabalhar com mais intensidade e fazer mais coisas.

2 O Grau de Sucesso Depende dos Seus Pensamentos

A Confiança Surge Quando Se Tem uma Visão Geral

Eu só me sentia confiante quando conseguia ter uma visão do quadro geral. Mesmo no trabalho, se não conseguisse compreender o cenário todo, ficava inseguro.

Tomando a natação como exemplo, eu era o tipo que mergulhava numa piscina de 25 metros e, após me deslocar poucos metros por baixo d'água, logo colocava a cabeça para fora e começava a nadar rapidamente, pois tinha a impressão de que não conseguiria chegar até o final.

Quando conseguimos ver o todo, os passos seguintes tornam-se mais rápidos; mas, quando ainda estamos no começo, por mais que nos esforcemos, sentimos que não estamos avançando muito.

Devido à minha autoimagem, a percepção que eu tinha era diferente daquela das pessoas ao meu redor, fazendo com que frequentemente me chocasse com os outros.

Quando comecei a escrever livros sobre a Verdade, de início publiquei alguns poucos títulos com uma pequena editora, antes de fundar a IRH Press, e uma das pessoas daquela editora disse: "Esse livro vende como água. Nunca lançamos um livro de tanto sucesso antes!"

O homem achava que vender 10 mil ou 15 mil exemplares era um imenso sucesso, mas eu pensava: "Não tenho muita certeza se o livro está vendendo tão bem assim".

Claro, em termos objetivos, não há muitos livros que vendam mais de 10 mil exemplares, mesmo quando publicados por grandes editoras. A maioria não vende mais do que 3 mil, portanto, a venda mínima que as editoras precisam alcançar para começar a recuperar seu investimento é algo por volta desse número.

Na realidade, toda editora está à procura de títulos que vendam mais de 10 mil exemplares, e quando um livro vende de 12 mil a 20 mil, já é considerado um best-seller. Todas as obras que publiquei atingiram essa cifra logo no início, mas como o homem nunca tivera antes um autor em início de carreira cujos livros vendessem tão bem, ele se surpreendeu. Pessoalmente, penso que um livro de fato bom deva vender em torno de um milhão de exemplares, portanto, não me senti satisfeito com aqueles números.

Do ponto de vista editorial, um milhão de exemplares é um número astronômico, raramente alcançado. Se você não usar ferramentas de marketing muito boas, dificilmente conseguirá esse resultado.

Há um tempo, um executivo de uma grande editora disse: "Nunca venderemos um milhão de exemplares 'do nada', a não ser que publiquemos livros ligados a lançamentos cinematográficos de sucesso. Produza um filme, faça o lançamento, toda a divulgação, e então publique a história original em livro. Dessa forma poderá vender um milhão de exemplares de um livro".

Na época, eu já considerava que um best-seller era um livro que vendia um milhão de exemplares. Era nesses casos que minha percepção diferia muito daquela dos outros.

Se Você Pensar Pequeno, Nunca Conseguirá um Grande Sucesso

Sempre pensei dessa forma, desde que iniciei a Happy Science, e tem sido assim desde o princípio. Em geral, quando cometo algum erro, é porque fiz muito mais do que o esperado.

Quando isso ocorre, a maneira de melhorar as coisas, portanto, é muito fácil. Basta desacelerar um pouco o ritmo. Quando fiz isso no passado, meu desempenho ganhou uma avaliação melhor.

Pelo fato de sempre desejar fazer mais do que o considerado normal, muitas pessoas ao meu redor não me compreendem direito. Essa situação sempre acontece, mas há algo que vale a pena destacar: os resultados nunca serão melhores do que você esperava que fossem. Portanto, se você pensar pequeno, nunca conseguirá um grande sucesso.

Se você pensa: "Quero ter um salário que me permita uma vida tranquila até morrer", então seu objetivo não será mais do que levar uma vida sem muitos desafios ou estímulos, e talvez se sinta feliz apenas em viver bem com aqueles que estão ao seu redor.

Mas se você pensa: "Quero me destacar em tal área" ou "Vou mostrar meu grande talento nesse campo" ou "Desejo montar um novo negócio" ou "Já que foi me concedida esta vida, vou assumir a missão de realizar algo que me faça ser reconhecido no mundo todo", saiba que os resultados serão proporcionais àquilo que você idealiza em sua mente, e não irão além disso.

Pessoas que têm grande força de vontade irão sentir-se diferentes dos outros, enfrentarão dificuldades e serão criticadas por isso, mas pensar pequeno significa que dentro do seu coração você não está desejando um sucesso maior que isso.

Ao pensar pequeno, parece ser mais fácil sair-se bem, mas quando você olhar isso no longo prazo, verá que não era o caminho para o sucesso.

3 Tenha um Grande Ideal e Trabalhe com Afinco

Os Estudiosos Tendem a Adquirir uma Atitude Negativa

Pessoas que estudam demais para prestar um exame podem adquirir um medo excessivo de errar e costumam desenvolver uma "atitude de pensar negativamente por antecipação".

Quando elas têm expectativas baixas, em geral obtêm resultados um pouco melhores ou até bem melhores do que imaginavam, e adquirem o hábito de manter suas expectativas o mais baixo possível.

Esse é um problema que se agrava à medida que aumenta a inteligência. Muitas pessoas inteligentes que se destacam em concursos acabam se tornando burocratas, e é por isso que os serviços públicos são considerados ruins. Elas pensam de forma negativa e sempre pressupõem o pior. Não procuram "alcançar os melhores resultados", mas apenas fazem com que o "prejuízo seja mínimo".

Muitos dos que se destacaram nos vestibulares e concursos acabam desse modo. Por exemplo, se os amigos perguntam: "Como você foi no exame?", elas respondem: "Fui muito mal. Nunca fui tão mal". Mas, quando sai o resultado, com frequência descobrem que se saíram muito bem. Então, os amigos exclamam: "Você disse que foi mal, mas veja só sua pontuação!", e de alguma maneira isso faz com que elas se sintam bem. Isso faz os outros pensarem que elas conseguem estudar bem, e elas se sentem bem consigo mesmas. Porém, quando essa atitude se torna um hábito e elas repetem o mesmo comportamento na vida adulta, o resultado não é bom, porque se habituarão a definir "metas muito baixas".

Podemos ficar desapontados quando não conseguimos atingir metas elevadas, mas isso não é um verdadeiro problema. Por outro lado, pessoas que estabelecem metas pequenas tendem a se gabar de que conseguiram sucesso superando suas metas.

Ao estabelecer metas baixas para conseguir realizá-las com tranquilidade, você se habituará a buscar realizações fáceis. E esse não é o caminho para o verdadeiro sucesso. Quando você está conseguindo atingir as metas com certa facilidade, precisa definir algumas um pouco mais elevadas. Nesse caso, não há problema se não puder alcançá-las; o importante é buscar o máximo do seu potencial.

Defina Sempre Metas Elevadas, Mesmo Que Não as Alcance

Os grandes resultados não surgem só porque uma pessoa começou a pensar grande de repente; no entanto, se ela pensar pequeno desde o princípio, nunca conseguirá realizar grandes coisas. Para isso, é preciso alimentar um grande ideal e trabalhar com afinco. Essas duas coisas também são necessárias.

Em 2010, no Japão, nosso partido político, o "Partido da Realização da Felicidade[5]", que se baseia nos princípios e na estrutura da Happy Science, concorreu às eleições para o Senado. O partido também havia concorrido nas eleições para a Câmara dos Deputados de 2009, e teve só três meses para se preparar, logo após sua fundação. No entanto, a votação obtida em 2010 foi equivalente à metade dos votos conseguidos na eleição do ano anterior, embora o partido tenha tido um ano inteiro de preparação.

O partido se esforçou muito. Então, por que o resultado piorou? Há várias razões, mas acho que o principal motivo do fracasso foi a teoria adotada pelo partido, chamada de "buraco de formiga".

O partido propôs a seguinte teoria: não importa o quanto o dique seja forte; depois que você abrir nele um buraco de formiga, a água irá invadir o sistema, e então o dique desabará. E assim foram escolhidos os candidatos, que começaram a atuar com base nessa ideia, que diverge do meu modo de pensar.

Ao afirmar que precisavam abrir um buraco de formiga no sistema, nossos candidatos começaram a achar que precisavam agir como formiguinhas. Ape-

5 O Partido da Realização da Felicidade também está sendo estabelecido no Brasil.

sar de haver muitos candidatos de outros partidos, ao considerar que apenas uma formiguinha entraria, a forma de pensar começou a ficar cada vez menor.

Se você pensar pequeno, a maioria das pessoas não vai simpatizar com você. Isso quer dizer que havia algo em relação ao Partido da Realização da Felicidade que impediu as pessoas de se sentirem impressionadas ou de se mostrarem receptivas à sua mensagem.

Esse tipo de estratégia reflete exatamente o que eu dizia antes: estratégias seguras visam minimizar as chances de falhar. Há indivíduos que definem metas muito baixas, reduzindo as chances de fracassar, e assim livram-se de serem responsabilizados. Mas, como resultado, as outras pessoas não ficarão motivadas e não irão apoiá-lo em grande escala.

Esse foi, a meu ver, o problema do partido nas eleições. Em 2009, ele acabava de ser fundado, e éramos principiantes nessas questões de campanha política, mas pelo menos conseguimos obter um total de 1 milhão e 70 mil votos nos distritos concorridos. No entanto, nas eleições para o Senado de 2010, conseguimos apenas 230 mil votos para eleição de representantes regionais, o que demonstra claramente o resultado de se pensar pequeno.

Nas eleições para a Câmara dos Deputados, embora nossos candidatos formassem um exército inexperiente, todos estavam com aspirações elevadas, idealizando tornar-se um grande partido, e, se tivéssemos mantido o mesmo espírito nas eleições seguintes para o Senado, teríamos conseguido muito mais votos. Mas esse princípio é fundamental: "pensamentos pequenos não levam a grandes sucessos".

Estabelecer metas modestas para minimizar os riscos de fracasso, de fato aumenta as possibilidades de sucesso. Talvez essa seja uma boa estratégia para aqueles que trabalham num escritório e desejam se proteger. Mas essa maneira de pensar é típica das pessoas que trabalham nas repartições públicas ou em grandes companhias e não querem assumir grandes responsabilidades ou complicações na vida.

No caso, por exemplo, de um empreendedor que quer iniciar um novo negócio, se ele pensar desse modo, não irá atrair muitos investidores. Suas aspirações precisam ser maiores. Mas lembre-se: ao ampliar sua perspectiva, será necessário que trabalhe com dedicação para conseguir atingir sua meta.

Gostaria de salientar mais uma vez que a principal razão da derrota obtida nas eleições de 2010 pelo Partido da Realização da Felicidade foi a de ter um "ideal pequeno". Os membros do partido ficariam satisfeitos se ao menos conseguissem preencher os requisitos legais para passar a usufruir da lei de subsídios aos partidos políticos, e isso não levou a um bom resultado, mesmo tendo um ano inteiro para se preparar. Penso que essa foi uma das razões pelo desempenho abaixo do esperado.

A sensação é que faltou entusiasmo. De fato, precisavam ter lutado um pouco mais. Não foram suficientes o nível de comunicação e a colaboração entre a estrutura da Happy Science e do partido. Ao tentar dar liberdade ao partido para agir, a Happy Science acabou dedicando apenas 10% de sua força no apoio ao movimento político.

Mas, numa análise final, esse resultado ocorreu por causa da forma pequena de pensar. Não devemos adotar metas pequenas como o "buraco de formiga", mas ideais que nos tornem confiantes para avançar como uma "poderosa onda que vai varrendo tudo pela frente".

Quando se definem metas altas, certamente as chances de fracassar aumentam, e também as forças contrárias à sua realização. No entanto, a menos que sejam estabelecidas metas elevadas, não será possível obter um grande crescimento, e o trabalho que a pessoa realiza não será muito bem-sucedido. Gostaria que você tivesse isso bem claro em sua mente.

Se Você Mentaliza Algo por Muito Tempo, Isso Acaba Se Materializando

Embora hoje a Happy Science tenha se tornando muito grande, acredito que meu pensamento ainda não foi profundamente transmitido às pessoas. Vejo que muitos ainda pensam de forma pequena.

Muitos dos que trabalham na Happy Science vieram de várias empresas, com diferentes experiências, e trouxeram consigo a maneira de pensar e cultura de suas antigas organizações e, por isso, ao colocar minhas ideias em prática, acabam por reduzi-las e torná-las cada vez menores.

Não pretendo ser muito rigoroso com os mais novos, que trazem os hábitos de suas empresas anteriores, mas, se deixar as coisas serem feitas do jeito deles, isso irá impedir que cresçam e desenvolvam suas capacidades do modo como julgo necessário.

Creio que não seja tão simples para eles fazer as coisas do jeito que eu gostaria. Mas queria que todos entendessem que "você nunca conseguirá tornar-se maior do que seus pensamentos". Se você "mentaliza uma coisa por um longo tempo, ela acaba se tornando realidade". Isso é uma verdade.

Quando obtive a Grande Iluminação, há mais de trinta anos, conseguia ouvir as vozes de um mundo invisível aos olhos carnais. Sentia-me extremamente sozinho, como se minha força fosse tão frágil quanto o fio de uma teia de aranha. Na época não tinha seguidores, e onde trabalhava não havia quem eu pudesse recrutar para me ajudar no meu trabalho.

Trinta anos após esse ponto de partida, a Happy Science conta com grandes templos de treinamento espiritual espalhados por todo o Japão e pelo mundo. Possuímos milhares de filiais, sendo mais de 80 no exterior. Meu ideal é de que estejamos presentes no mínimo em 200 países. Temos produzido e lançado vários filmes, publicado milhares de livros, construímos diversas escolas da Happy Science e criamos um partido político com um grande ideal. Em resumo, estamos fazendo muitas coisas.

De fato, a força do pensamento é muito poderosa. Hoje, nosso partido não se concentra em lançar candidatos para as eleições, mas, por meio dos pensamentos que difundimos, estamos provocando uma grande transformação na política japonesa, exercendo uma forte influência nos órgãos ligados ao governo e na mídia.

Doravante, a influência só deve crescer, jamais enfraquecer. Tudo começou quando eu era funcionário da empresa de comércio exterior, onde me incentivavam a não me esforçar demais. Não me sentia satisfeito com isso. Meu desejo era trabalhar continuamente e dar o máximo de mim para progredir. Quero me esforçar para atingir meus objetivos e me aprimorar ininterruptamente. É assim que almejo viver.

4 Criar um Futuro Próspero Usando a Força da Juventude

Aquilo Que Você Estuda na Juventude Será um Grande Recurso

Outro ponto importante é: "conhecimento é poder". "O saber é poder." Posso afirmar isso a partir de minha própria experiência. Sobretudo o que você estuda na juventude pode dotá-lo de grande poder.

Quando faço uma análise do passado, vejo que foi na juventude que aprendi a maioria das coisas que realmente tiveram impacto em mim, e que foi também nessa época que me tornei quem sou. O que estudei e os livros que li quando era estudante e logo depois de concluir a universidade ainda estão frescos na minha memória, e se tornaram o alicerce da força que possuo hoje.

Continuei lendo muito quando estava na casa dos 30 e depois disso, mas sinto que esse conteúdo está se apagando de minha mente. Aquilo que estudei quando tinha uns 20 e poucos anos teve um papel muito importante na formação da minha personalidade. Antes dos 20, talvez o nosso crescimento seja mais determinado pela alimentação, mas depois, o que você estudou e leu é que se tornam o alimento da sua mente, permitindo-lhe avançar um degrau ainda maior na escala do crescimento.

O País Que Cria Pessoas de Sucesso Torna-se uma Grande Nação

Desde que o partido popular do povo (Democratas) assumiu o governo no Japão, os japoneses começaram a se encolher e pensar de forma pequena. Tudo vem sendo igualado e nivelado por baixo, abafado. Esse é o mundo para o qual esse governo está direcionado.

Não podemos deixar que isso aconteça. Essa atitude reduzirá o país a uma condição medíocre. Precisamos de um impulso maior para elevar as coisas. Talvez a carga esteja um pouco pesada agora, mas, se colocarmos energia suficiente, poderemos levar o país a um nível compatível com seu potencial. Se não fizermos nada, as coisas tenderão a ir ladeira abaixo, por isso precisamos da força da juventude, que deve ser destemida e ousada.

Precisamos remover do sistema uma cultura onde "a inveja" incentiva as pessoas a se desmerecerem mutuamente. Ao contrário, se criarmos pessoas de sucesso continuamente, poderemos nos tornar um país de primeiro nível no mundo, sem sombra de dúvida.

Nenhum ambiente que leva as pessoas a se sentirem culpadas ao obter sucesso pode ser considerado bom. O pensamento de que "ter sucesso é pecado" não pode ser considerado uma boa filosofia. Quando as pessoas têm sucesso, esse sucesso tem consequências positivas.

Na Happy Science, por exemplo, as doações feitas pelos membros são chamadas de "Plantio da Felicidade". A oportunidade de contribuir para melhorar o mundo não se restringe ao dinheiro, e há muitas formas de ajudar. Portanto, ao sentir que se está obtendo sucesso, é bom que se compartilhe uma parte dessa energia e força para beneficiar o mundo.

Pessoas bem-sucedidas têm condições de dar grandes contribuições. Por exemplo, nos Estados Unidos, diversas pessoas ricas têm o hábito de montar fundos, fundações e destinar seus recursos para boas causas. Rockefeller, por exemplo, foi um homem de negócios bem-sucedido e ficou riquíssimo.

Certa vez, ao ser duramente criticado pela sociedade, por volta de seus 50 anos, ficou abatido e doente, estando a ponto de morrer. Mas foi aconselhado a usar suas forças para criar coisas boas para o resto do mundo. Então, estabeleceu a Fundação Rockefeller, provendo-a com imensos recursos financeiros, destinados à construção de escolas e hospitais em várias partes do globo. A partir do momento em que passou a usar sua fortuna pessoal para o bem-estar coletivo, sua saúde se recuperou e passou a ter uma vida saudável, chegando a viver mais de 90 anos.

Assim, saiba que, ao se tornar bem-sucedido, como compensação você deve retornar parte de sua fortuna para beneficiar os outros. E não se deixe influenciar pelo pensamento de que ser bem-sucedido é ruim. Aqueles que têm talento devem se esforçar para desenvolvê-lo da melhor forma possível.

Não Pense no Que Você Não Fez – Concentre-se no Que Já Conseguiu Fazer

Este é o meu conselho aos jovens: cada um tem características, problemas e situações pessoais diferentes, mas, independentemente disso, procure pensar grande. Você nasceu neste mundo para "realizar um grande trabalho". Por isso, alimente um grande ideal.

Aqueles que acham que vieram a este mundo para levar uma vida sem serem incomodados por ninguém, acabam se tornando perdedores.

Algumas pessoas se orgulham do simples fato de que "ninguém nunca falou mal delas". Mas afirmar que nunca ninguém falou mal de nós seria quase o mesmo que dizer que não realizamos nada na vida. Em geral, pessoas que não realizam grandes coisas não recebem críticas. Mas aquelas que realizam muitas coisas tornam-se alvo de críticas e queixas.

A chave para entrar no mundo celestial não é o que você não fez, mas o que realizou. Quando você retornar ao outro mundo, vão lhe perguntar: "E então, o que você realizou na Terra?". Ninguém está interessado em saber: "O que você não realizou?". A pergunta será: "O que você realizou?". Gostaria que você compreendesse essa diferença importante.

know-it-
rything a
knowl•e
iarity, a

capítulo

4

O Caminho do Sucesso

1 Quando uma Pessoa Se Esforça e Estuda Continuamente

A Esperança Contida na História Infantil *O Patinho Feio*

Dedico este capítulo àqueles que estão na juventude, e também aos que são jovens de coração.

Era uma vez um garoto[6] que, antes de passar da pré-escola para o ensino fundamental, fez um teste de QI (Quociente de Inteligência) pela primeira vez na vida. De acordo com o teste, seu QI resultou em 97 pontos. Ele achou que, como esse resultado estava próximo dos 100 pontos, como numa prova, ele havia sido aprovado com sucesso; ao voltar para casa, contou a façanha todo feliz aos pais.

Porém, quando seus pais começaram a chorar, ele sentiu que havia alguma coisa errada. Foi então que explicaram a ele que, nesse teste, 100 pontos não significam a pontuação máxima, mas apenas um valor intermediário.

Ele tinha um irmão quatro anos mais velho. Quando esse irmão realizou o mesmo teste no passado, havia conseguido 186 pontos. Mas, como esse

6 Como introdução a essa palestra, Hiroshi, filho do Mestre Okawa, contou sua história sobre "como um garoto que soube que seu QI era superior a 180...", pois o seu teste de QI mostrou várias vezes que ele era um gênio, fazendo uma brincadeira com o pai.

resultado fora considerado muito surpreendente, um aluno de pós-graduação em Pedagogia da Universidade de Tokushima resolveu aplicar-lhe um segundo teste. E dessa vez o resultado foi 187 pontos.

Assim, infelizmente, o irmão caçula, que havia obtido somente 97 pontos, pensou o que seria dele quando se tornasse adulto.

Enquanto frequentou o Ensino Fundamental, os pais não esperavam nada do garoto. Apenas incentivavam-no a realizar tarefas simples, como retirar as ervas daninhas do jardim. Acreditavam que ele nunca seria capaz de ganhar a vida se dependesse apenas do estudo; portanto, acharam que seria melhor se ele se tornasse um comerciante ou algo assim, que talvez fosse melhor seguir nessa direção. Todas as pessoas próximas lhe diziam que seria ótimo se ele pudesse pelo menos ganhar dinheiro. E assim ele foi criado.

O irmão mais velho, que tinha um QI mais elevado, foi criado para se tornar um acadêmico, e era muito incentivado a estudar.

Devido ao seu baixo QI, o irmão mais novo começou a se sentir profundamente inferiorizado durante os primeiros anos de escola. No entanto, nos últimos anos do Ensino Fundamental, suas notas de repente começaram a mostrar uma melhora. Com isso, ele começou a sentir mais ânimo e passou a ficar mais tempo estudando. Como passou a fazer menos exercícios físicos, acabou engordando muito.

Ganhou bastante peso. Na sexta série, ele pesava 65 quilos e media apenas 1,47 metro.

A mãe dele achava que ser grande era melhor do que ser pequeno demais e comprou-lhe um agasalho de tamanho ainda maior, para alguém que tivesse 1,80 metro e pesasse 80 quilos. Ao usá-lo, sua aparência ficava ainda mais estranha. Quando andava pela rua, via sua sombra enorme e feia na calçada, e sentia um grande desgosto.

O garoto não conseguia parar de pensar na "história do patinho feio". A ideia de que o patinho feio se tornaria um cisne magnífico dava-lhe um lampejo de esperança. Assim, durante o tempo em que frequentou o Ensino Fundamental, olhava para sua sombra feia que se estendia pela calçada e alimentava a esperança de um dia se tornar um belo cisne.

O que ele não sabia, no entanto, é que quando fez o teste de QI, não havia seguido direito as instruções do professor e acabara anotando parte dos resultados na página errada e não na página adequada. Assim, a sequência de respostas acabou não correspondendo aos problemas resolvidos, por isso seu resultado foi muito baixo.

Ele resolveu todos os problemas, mas errou ao transcrever as respostas, pulando uma página ao anotar os resultados. Ele não se deu conta de que essa era a razão de ter obtido uma nota baixa no teste. E ele só descobriu isso muito mais tarde.

Na realidade, seu QI não era tão baixo quanto a nota sugeria, mas como as crianças costumam acreditar em tudo o que os pais dizem, esse garoto ficou convencido de que não era inteligente, e por muito tempo não conseguiu se libertar dessa crença.

Mas, depois disso, passou a ir muito bem nos estudos; como havia sido considerado inferior em termos de inteligência, decidiu compensar essa falta natural de competência se esforçando bastante nos estudos. Consequentemente, por volta da sexta série, já havia desenvolvido um elevado nível de desempenho, pois estava convencido de que para ir bem nos estudos teria de se esforçar muito.

Ele pensava: "Bem, se para as outras pessoas basta apenas estudar 1 hora por dia, eu preciso estudar 3 horas para chegar a algum lugar". E adotou essa atitude nos estudos diários.

As Pessoas São Capazes de Mudar, Mesmo que Leve Muito Tempo

Quando passou do Ensino Fundamental para o Ensino Médio, esse rapaz começou a pensar de forma diferente. Os pais sempre elogiavam o irmão mais velho, colocando-o num pedestal, enquanto para o irmão mais novo sempre mantinham expectativas baixas, raramente tecendo qualquer elogio, fazendo com que ele achasse tudo isso muito estranho.

Sentia que era uma espécie de lógica adotada pelos pais desde o passado, e não havia como mudar as regras. Parecia o sistema ensinado por Confúcio, em que, para estabelecer a ordem, os mais jovens deveriam dar preferência aos mais velhos, a fim de manter a harmonia e o equilíbrio das coisas. Pelo menos é isso o que imaginava, quando relembrava esses acontecimentos.

Felizmente, porém, o fato de esse garoto nunca ter visto a si mesmo como alguém especial nem brilhante, fez com que aprendesse a realizar esforços constantes e isso levou-o a estudar muito. Bem, esse garoto cuja história estou contando, na verdade, sou eu mesmo.

A moral dessa história é que nunca é possível saber como as pessoas serão no futuro. Mesmo que elas sejam avaliadas e classificadas por diferentes testes, com o passar do tempo muitas coisas podem mudar. Por isso, o que devemos pensar é: "o mais importante de tudo é a postura que a pessoa cultiva".

Fui criado dessa maneira, e mesmo depois que entrei para a universidade, meus pais ainda achavam que eu não era muito inteligente, então continuei pensando: "Talvez eles tenham razão" e humildemente aceitava o ponto de vista deles. Essa também foi uma das razões pelas quais me tornei alvo de críticas em algumas revistas e tabloides semanais.

Fundei a Happy Science quando tinha 30 anos. Quando estava com 34 anos, pela primeira vez fui duramente criticado por uma dessas revistas semanais.

Na época, ainda não entendia bem por que elas faziam isso, mas parece haver uma regra não escrita de que, neste mundo, não há nenhum problema em falar mal das pessoas que se tornaram bem-sucedidas. Essa regra não foi ensinada nas escolas que estudei, portanto, não sabia da sua existência, mas, ao que parece, depois que "alguém passa a ser reconhecido pela sociedade e firma uma posição, tornando-se uma figura pública, é plenamente aceitável que se fale mal dela".

Mas, como na escola não fui preparado para isso, depois do primeiro ataque fiquei bastante abalado.

Esse primeiro ataque, ocorrido cerca de 20 anos atrás, veio de uma revista semanal que parecia estar sob a influência de espíritos malignos, conforme revelamos em um livro que publicamos em 2011[7].

Eles escreveram um artigo intitulado: "Ryuho Okawa formou-se em Direito pela Universidade de Tóquio. No entanto, se diz ser burro. Será possível?"

Aceitei humildemente a crítica deles e decidi que, doravante, seria mais cauteloso. Como tive uma infância em que meus pais passaram essa impressão para mim, não me considerava inteligente. Minha concepção de como as pessoas me viam ficou um pouco distorcida, e falando de forma objetiva, eu era muito ingênuo. Posteriormente, vim a compreender tudo isso.

---

7 *O Vínculo da Shukan Shincho com o Diabo*, publicado pela IRH Press Japan.

2 Ocultos sob os Pés das Pessoas Encontram-se Valiosos Diamantes

A Parábola que Fez um Contador de Histórias Ficar Milionário

As pessoas costumam ter dificuldade para compreender quais são seus talentos e habilidades e como fazer o melhor uso deles.

Há uma lenda famosa, que vem sendo contada nos Estados Unidos desde o início do século 20. Houve até um contador de histórias que a narrou tantas vezes, que se tornou milionário. Dizem que foram mais de 5 mil vezes.

A história é sobre uma "mina de diamantes", onde havia muitos diamantes enterrados, e de um camponês que vivia na região do Irã ou da Índia. O homem desejava garimpar diamantes, por isso comprou algumas terras e passou a cavar o dia todo, procurando diamantes, mas nunca encontrava nenhum.

Certo dia, ele desistiu, vendeu suas terras por um preço bem baixo e foi viajar para procurar a pedra preciosa em outros lugares. Durante anos de sua vida, passou vagando por muitas terras pensando: "Tenho certeza de que, algum dia, vou tirar a grande sorte e encontrar terras onde haja uma mina de diamantes!". Até que um dia acabou morrendo afogado em uma região no litoral da Espanha.

Enquanto isso, o homem que havia comprado suas terras continuou cavando, a partir do ponto em que o outro havia parado. Dez centímetros abaixo do lugar onde o primeiro havia parado de cavar encontrou um veio de diamantes que se estendia por vários hectares. E, assim, ficou muito rico.

Mencionei "10 centímetros", mas na realidade a história dizia que eram apenas "3 polegadas". Uma polegada tem 2,54 cm. Se o homem que vendeu as terras tivesse cavado ao menos 10 centímetros a mais, teria encontrado os diamantes que tanto queria. Mas, em vez disso, desistiu de cavar.

Há várias versões dessa história, e provavelmente todas se originam de uma história verdadeira, ocorrida em algum lugar. Na verdade, ela não é sobre o homem que se afogou no litoral da Espanha, mas sobre aquele que comprou as terras, cavou um pouco mais, encontrou a mina e ficou milionário.

Dizem que, nos Estados Unidos, um contador de histórias ficou milionário só de narrar esse episódio mais de 5 mil vezes na vida. Isso significa que "muitas pessoas ouviram essa história, que de tanto ser contada, transformou esse contador num milionário". Ela representa uma das versões do sonho americano tornando-se realidade.

Creio que você já adivinhou o sentido dessa parábola: a maioria das pessoas desiste cedo demais e para um pouco antes de encontrar o sucesso.

Aquele camponês poderia ter descoberto a mina de diamantes se tivesse cavado apenas 10 centímetros a mais, mas em vez disso pensou: "Essa terra não é boa. Preciso parar de cavar e tentar buscar o sucesso que almejo em outro lugar". Ele procurou minas de diamantes passando por muitos outros locais e continuou pensando do mesmo jeito: "Aqui não dá". "Não, aqui não é um bom lugar!". É exatamente dessa forma que a maioria das pessoas age.

Todos Têm a Natureza Búdica ou Natureza Divina em Seu Interior

Essa história também nos ensina que, não importa quem você seja, há diamantes escondidos e adormecidos bem debaixo dos seus pés, no lugar onde você se encontra. Na verdade, eles estão dentro de sua casa, do seu jardim, do seu local de trabalho.

Não sei o quanto essa parábola pode lhe ser útil, mas decidi contá-la porque nela está oculta uma verdade universal, que irá ajudar muitas pessoas.

Em todas as pessoas existe a natureza búdica ou a natureza divina. De fato, todos os seres humanos são filhos de Deus, filhos de Buda. Essa é a verdade. Se você cavar fundo no interior das pessoas, irá encontrar ali a natureza divina ou búdica. Infelizmente, porém, muitas pessoas desistem de cavar quando ainda estão no meio do caminho.

Da mesma forma que o camponês da parábola, as pessoas tendem a pensar: "Não conseguirei nada cavando neste terreno duro e árido". Costumam dizer: "Com certeza há pessoas mais talentosas e habilidosas do que eu"; "Acho que elas são de fato amadas por Deus ou por Buda, mas não é o meu caso"; "Já nasci desse jeito, por isso, sempre fui tratado assim"; "Essa é a experiência pela qual preciso passar"; "Essa é a minha história com o trabalho"; "Esse é o ganho que devo ter"; "Não sirvo para nada"; "Como não sou nada, não conseguirei realizar trabalhos bons e importantes."

Na verdade, a parábola do camponês garimpeiro mostra que a moral da história é diferente. Se você pensa como ele, está equivocado.

É exatamente essa mensagem que ensinamos na Happy Science. O raciocínio e a lógica correta de que todos os indivíduos são filhos de Buda, são filhos de Deus. De que uma mina de diamantes está adormecida aos seus pés. Que você precisa cavar um pouco mais e não ser como a maioria das pessoas, que desiste prematuramente.

Essa história nos adverte quanto à nossa "tendência de acreditar que somente aos outros são concedidas boas oportunidades, e que para nós, ao contrário, essas coisas não acontecem".

3 Os Seres Humanos Tornam-se Aquilo Que Pensam

Por Que os Desejos em Nosso Coração Não Se Realizam

Tenho ensinado repetidas vezes que "os seres humanos tornam-se aquilo que pensam". "Você é aquilo que pensa. Seus pensamentos são a imagem do que você será no futuro."

Isso não significa que basta pensar em algo para que aconteça. Muitos dirão: "Tenho pensado sempre em algo, mas até agora nada aconteceu!"

A parábola da mina de diamantes sem dúvida seria uma boa maneira de explicar esse fenômeno, mas vou dar outro exemplo. No final do século 19, a filosofia chamada "As Leis do Sucesso" tornou-se muito difundida nos Estados Unidos, e no século 20 ela finalmente começou a florescer. Trata-se da ideia propagada por psicólogos e outros especialistas de que, quando você muda sua maneira de pensar, tem chances de ser bem-sucedido.

Certo dia, um auxiliar de escritório procurou um professor que transmitia esse pensamento e disse: "Sou auxiliar de escritório numa empresa. Segundo os ensinamentos que você passa, se a pessoa mudar a maneira de pensar, ela pode criar exatamente a situação que mentaliza. Quero sair desse emprego terrível de auxiliar de escritório, virar um homem de negócios bem-sucedido e ficar muito rico. Apesar de ter pensado nisso com frequência, não sou nada além de um simples auxiliar de escritório. O que será que estou fazendo de errado?"

O professor respondeu: "Dê uma boa olhada em você no espelho. Qualquer um que olhá-lo não verá nada além de um simples auxiliar de escritório. Se você quer ser um homem de negócios bem-sucedido ou um empreendedor, precisa criar um 'eu' que tenha essa aparência. Precisa manifestar seus pensamentos exteriormente. O simples fato de pensar em algo não é suficiente. Se você pensa numa coisa, tem de mostrá-la por meio das suas atitudes e da sua aparência, e certificar-se de que está exteriorizando a mudança e tornando-a perceptível a quem está ao seu redor. Olhe para você com atenção. Você tem o aspecto de um auxiliar de escritório, nada mais."

O rapaz ouviu a resposta do professor e pensou: "Ah, entendi". O professor orientou para que: "Em primeiro lugar, trocasse a gravata. Depois, comprasse um terno novo. Mudando assim a aparência exterior". Em resumo, ele queria dizer que, se o seu interior mudar, o exterior também mudará. Mas se sua aparência exterior não expressa essa mudança, significa que seus pensamentos não estavam sendo exteriorizados."

Mostre Seus Pensamentos com Atitudes e Ações

Mesmo que você seja o primeiro-ministro, se usar um uniforme de faxineiro e se comportar como tal, ninguém irá reconhecê-lo como primeiro-ministro. É a mesma coisa em relação aos pensamentos. Você precisa transmitir a imagem certa e uma atmosfera correspondente daquilo que deseja se tornar.

Tudo o que está no seu coração e na sua mente precisa ser exteriorizado. É como decidir ser seu próprio relações-públicas.

É como naquela parábola da mina de diamantes. Não desista antes da hora. Sempre avance um passo a mais. Cave esses centímetros adicionais. O auxiliar de escritório falhou ao não fazer isso. Ele queria ser mais bem-sucedido, mas não estava fazendo o esforço adicional para chegar lá.

Sempre digo: seus pensamentos determinam sua vida. Mas seus pensamentos precisam ser mais do que meras intenções. Você precisa usá-los para começar algo, e depois mover-se ativamente, fisicamente, na direção que quer dar à sua vida.

Mostre isso por meio de sua atitude, de suas palavras, de suas ações, de sua aparência. Há muitas formas de exteriorizar seus pensamentos, e é isso o que você precisa fazer. Ou seja: não tenha medo de exteriorizar o que está dentro de você.

4 Conhecimento É Poder – Eis a Verdade

Esforce-se para Adquirir Duas ou Três Vezes Mais Conhecimento Que os Outros

Sua maneira de pensar é muito importante. As pessoas tornam-se aquilo que pensam. Elas se transformam de acordo com o que pensam. Essa é a verdade.

Na minha juventude, estudei muito sobre isso. Apesar de ter sentido complexo de inferioridade, primeiro procurei adquirir o "conhecimento da Verdade", quando então compreendi que, se não mudasse a minha forma de pensar, não conseguiria progredir.

Como citei no capítulo anterior, a primeira coisa que aprendi foi que "conhecimento é poder". "Saber é poder." Essa é uma citação famosa do filósofo ocidental Francis Bacon.

O significado original da palavra "saber" vem de tempos remotos. Não se trata de simples conhecimento de fatos. Isso é sabedoria. Algo recebido pela graça de Deus. O conhecimento de que precisamos nos é dado como uma bênção por meio de revelações divinas. No entanto, essa sabedoria pode ser entendida simplesmente como conhecimento, num sentido mais prático e comum.

Quando entrei na universidade, memorizei a frase "conhecimento é poder" e, atualmente, percebo o quanto ela é verdadeira.

Muitas pessoas avaliam os outros com base no grau de inteligência, além de usar isso como padrão para medir a si mesmo. Mas, quer você seja considerado inteligente ou não, desde que conheça determinados princípios, os resultados serão semelhantes.

Aqueles que são inteligentes e os que não são, quando estudam e adquirem o mesmo conhecimento, produzem resultados semelhantes. Não há diferença. Não se trata de ter inteligência inata ou não. Por isso, afirmo de novo: "Conhecimento é poder". Mesmo que alguém pense que não é inteligente, se adquirir duas ou três vezes mais conhecimento do que outra pessoa que é especialista em determinada área ou trabalho, acabará apresentando melhores resultados.

Esse é o sentido da expressão "conhecimento é poder". Minha experiência me ensinou que isso é verdade.

Meu Ponto de Partida Começou com a Leitura de Livros

Quando penso na época em que estudei na Universidade de Tóquio, lembro que vivia rodeado por pessoas inteligentes, e como eu tinha vindo do interior, tinha a impressão de que todos eles eram gênios. Sentia-me em desvantagem quando me comparava com eles.

Mas, quando descobri a força do princípio de que "conhecimento é poder", comecei a pensar: "se eu acumular conhecimento suficiente, vou poder alcançá-los – e talvez até passe à frente deles".

Então, disse a mim mesmo: "Pare de perder tempo pensando se você tem inteligência ou talento necessários para isso. Simplesmente estude". "Amplie seu conhecimento!". Foi o que me incentivei a fazer. Em termos concretos, isso significou "ler livros". Eu simplesmente lia tantos livros quanto me era possível. Achava que tinha de ler mais do que aquelas pessoas que eu considerava naturalmente inteligentes. E me esforcei para isso. Li toneladas de livros.

Se Você Acumular Conhecimento, as Coisas Começarão a Mudar

Alguém que não conheça determinado assunto jamais conseguirá superar alguém que o domine. Num debate, a pessoa sem conhecimento não terá a menor chance. Claro, um indivíduo naturalmente inteligente irá se destacar na apresentação de seus próprios argumentos e dará a impressão de ser muito esperto, mas ainda assim não será suficiente se comparado com alguém que tenha a necessária bagagem de conhecimento exigida para uma discussão em particular.

Se você continuar estudando e acumular duas, três vezes mais conhecimento do que os outros, perceberá como o relacionamento com as pessoas ao seu redor vai mudar. Cedo ou tarde, passará a vencer os debates com aquelas pessoas que "naturalmente eram inteligentes" e ficará surpreso: "Uau! O que aconteceu?"Você ficará impressionado ao ver o que é possível conseguir por meio de um esforço e de uma disciplina constantes.

Às vezes, podemos pensar que ter habilidade para fazer alguma coisa seja equivalente a ser inteligente. No entanto, vale a pena repetir mais uma vez: o que realmente importa é que conhecimento é poder, e que com ele será possível reverter a situação. No meu caso, a leitura de livros foi o ponto de partida.

5 Tempo É Dinheiro, Dinheiro É Tempo

O Tempo É Concedido Igualmente a Todas as Pessoas

O que compreendi em seguida foi o sentido da expressão "tempo é dinheiro". Benjamin Franklin foi quem nos legou essa frase famosa. Você irá encontrá-la em inúmeros calendários e livros de citações. É um pensamento muito difundido, e finalmente despertei para o seu verdadeiro significado.

O dia tem 24 horas, não importa quem você seja. É um fato imutável. E a maioria das pessoas não vive muito mais do que 20 mil dias.

Aos olhos da "Deusa do Tempo", somos todos iguais. Não importa se você é alguém muito bem-sucedido, ou um completo fracassado, seu dia tem 24 horas – todos recebem igualmente 24 horas, não há ninguém que receba 100 horas, por exemplo. E todo mundo é livre para usá-las para fracassar ou ser bem-sucedido. Essas são as nossas condições.

Consequentemente, se existe uma coisa como a "igualdade", não se trata da igualdade de competência ou de talento, e sim da igualdade de tempo de que todos dispomos. O dia tem 24 horas. Em certo sentido, é dada a todos uma absoluta igualdade.

Não importa a posição ou o status na vida – nenhum de nós vive mais do que umas poucas décadas, e no final o que importa é: Como você usou as 24 horas que teve à sua disposição a cada dia? Como usou essas poucas décadas que teve para viver neste planeta? No final, isso é o que conta de verdade.

Você pode incorporar esta lição facilmente à sua vida quando é jovem, portanto, quero passá-la a todos os que ainda estão estudando neste momento ou que começaram a trabalhar há pouco tempo.

O dia tem 24 horas. Alguns usam essas 24 horas para se tornarem diretores de empresa. Outros continuam a vida inteira como simples funcionários.

Quanto à maneira como você deve usá-las, Deus não ficará gritando do mundo espiritual, com um alto-falante, dizendo-lhe o que fazer cada minuto. Não dirá: "Ei, você! Pare de desperdiçar o seu tempo já! Vamos, esforce-se mais um pouco! Vamos, agora é hora de trabalhar! Agora é hora de estudar! Pare de ficar à toa, sem fazer nada!".

Deus nos dá 24 horas por dia, nem um minuto a mais, nem a menos. Ele não diminui essas horas para 12 ou 5, nem aumenta o dia para que tenha 25 horas. Ele nos dá exatamente 24 horas todos os dias.

O que as pessoas precisam saber é como usar da melhor maneira possível essas 24 horas que nos são dadas. Nossa tarefa na vida é definir continuamente como usaremos as 24 horas do dia, e compreender corretamente esse problema é a maneira de vencer na vida. Esta é uma lição essencial.

Portanto, é importante assumir o controle desse tempo e verificar como você poderá usá-lo para deixar o máximo de coisas positivas.

Não Há Sucesso Sem Perseverança

Existe mais um fator crucial para se tornar bem-sucedido, que é a perseverança. Mesmo que alguém possua um talento muito superior, é impossível ser bem-sucedido se não tiver um coração perseverante.

Conseguir sucesso em apenas um dia de 24 horas só é possível em jogos de azar. Se você gasta dinheiro em jogo ou apostas, por exemplo, pode até ser que ganhe muito dinheiro num único dia. Mas saiba que isso não vai acontecer todos os dias. Seja em corridas de cavalo ou casas de apostas, apostar não vai levá-lo muito longe a médio prazo. Pode ser que ganhe uma vez na loteria, mas isso não vai se repetir sempre.

A maioria das pessoas que não consegue sucesso – a não ser por meio de jogos de azar –, geralmente tem um aspecto em comum: a falta de perseverança.

Muitas vezes, vemos jovens que se mostram uma grande promessa. Todos os consideram muito inteligentes, mas alguns anos mais tarde, as pessoas começam a comentar: "O que aconteceu com ele? Era tão inteligente..."; "Ela mostrava tanto talento...";"Ele tinha as melhores condições que alguém possa imaginar!".

Quase sempre, o que essas pessoas têm em comum é a falta de perseverança. Elas não têm o poder de resistir, a persistência necessária para alcançar o sucesso. Em geral, tais pessoas são naturalmente inteligentes e avaliam as situações com bastante rapidez. Se elas fizerem bons julgamentos, isso pode ser benéfico para elas, mas, se fizerem maus julgamentos, o efeito pode ser o oposto.

De novo, é como na parábola da mina de diamantes. Se alguém pensa sempre: "É óbvio que não vou encontrar nenhuma mina de diamantes aqui. Vou procurar em outro lugar", essa pessoa dificilmente será bem-sucedida.

Há muitos indivíduos, por exemplo, que são extremamente inteligentes, mas nunca se sentem satisfeitos, não importa o que façam. Vivem trocando de emprego, e não conseguem ficar muito tempo realizando o mesmo trabalho. Se persistissem um pouco mais, poderiam se tornar melhores no que fazem e com certeza se sentiriam bem mais felizes, mas toda vez que surge uma oportunidade de se tornarem profissionais de primeira categoria, acabam desistindo antes da hora.

A maioria das pessoas não consegue ser bem-sucedida, apesar de ser inteligente, simplesmente porque não tem perseverança pelo tempo necessário.

Uma das razões que leva essas pessoas inteligentes a não obter sucesso é que elas guardam um sentimento de raiva em relação aos outros. Como não possuem paciência, culpam os outros por seus fracassos, dizendo: "Eu não sou bem-sucedida por culpa de fulano". E, assim, ficam direcionando sua raiva e insatisfação contra os outros.

Essas são as razões mais comuns pelas quais mesmo pessoas inteligentes e talentosas não conseguem ser bem-sucedidas. Estes são pontos importantes, que precisam ser lembrados.

Assim, se uma pessoa não consegue controlar e dirigir a própria mente, significa que não possui a virtude suficiente para conseguir fazer uso dela.

Por isso, gostaria que você compreendesse o verdadeiro significado e a importância da famosa citação "tempo é dinheiro". Essa foi apenas uma das pequenas iluminações que obtive quando era estudante.

O Atalho para a Riqueza É Saber Reduzir o Tempo

Outra iluminação que obtive enquanto era estudante é o oposto de "tempo é dinheiro". Isto é, "dinheiro é tempo". Pode parecer estranho inverter as palavras, mas o sentido dessa expressão é que, se você tem certa quantia de dinheiro, consegue comprar tempo. Em outras palavras, se tiver um pouco de dinheiro, poderá encurtar o tempo necessário para fazer determinada coisa e alcançar o sucesso mais cedo. Essa foi outra lição que aprendi quando jovem.

Para um empreendedor, saber disso é essencial. O princípio do capitalismo é a "acumulação de riqueza". Se muitas pessoas diferentes têm, cada uma delas, mil reais, isso não significa muito, mas, se você conseguir acumular várias centenas de milhares, milhões ou bilhões de reais, poderá iniciar grandes trabalhos.

Quando se consegue acumular riqueza, torna-se possível realizar grandes coisas e criar novos valores. Em termos simples, este é o princípio do capitalismo.

Por outro lado, o princípio do comunismo, que com frequência tenho criticado, é o da igualdade sob o guarda-chuva protetor do Estado – em outras palavras, a riqueza nesse caso é repartida e espalhada a fim de se conseguir a igualdade.

Quando ocorreu o grande tsunami após o terremoto no nordeste do Japão, por exemplo, para ajudar a reconstruir a região o governo democrático do Japão distribuiu uma quantia de dinheiro para cada pessoa que habitava a zona do desastre. Essa política mostra bem como é o pensamento socialista.

No entanto, essa distribuição de dinheiro foi uma dispersão da força da riqueza, e não conseguiu criar mais nada. A quantia entregue a cada um não criou valor.

Por outro lado, se todos reunissem essa riqueza, poderiam fazer grandes realizações. Isso é algo que eu quero que seja compreendido. Essa, antes de mais nada, é a verdadeira razão pela qual o mundo capitalista e liberal se desenvolveu. Muita gente não entende esse princípio e continua acreditando que as premissas comunistas podem ser bem-sucedidas.

Se o seu salário aumentar ou você poupar muito dinheiro, por exemplo, pode comprar muitos livros e uma casa com espaço suficiente para seus livros. No entanto, sem dinheiro, provavelmente precisará de muito tempo para conseguir a mesma coisa. Com dinheiro, você pode comprar um carro, ou bilhetes para o trem-bala ou viajar de avião e chegar a qualquer parte mais rápido do que nos velhos trens.

Quando era estudante, muitas vezes fui obrigado a pegar um barco do porto de Chiba até minha cidade natal, na província de Tokushima. Na época, os bilhetes de trem-bala ainda eram muito caros, e indo de barco eu gastava bem menos da metade do dinheiro para chegar em casa. Mas, de barco, levava 24 horas para ir de Chiba a Tokushima, e eu tinha de passar a longa viagem descansando e lendo.

Só bem mais tarde consegui pagar pela passagem do trem-bala. Nem preciso dizer que, naquela época de estudante, não tinha dinheiro para pagar uma passagem de avião. Algumas pessoas compravam bilhete de avião com desconto para estudantes, mas, mesmo com esse desconto, as tarifas eram caras demais para mim, e nunca voei para parte alguma.

Ou seja, a riqueza é um meio eficaz para encurtar o tempo. Essa é outra lição importante que eu quero que você aprenda.

6 Divida os Grandes Problemas em Partes Menores

Nunca Sairá um Javali Maior do que a Montanha

Gostaria de destacar mais um ponto a respeito de como ser bem-sucedido. Quando se é jovem, os problemas tendem a parecer muito maiores do que são na realidade.

Muitas vezes, surgem problemas complicados, como se fossem uma montanha impossível de escalar, e acabamos pensando: "Nunca serei capaz de resolver isso!". Parece que isso acontece com frequência com os jovens.

Mas há um ditado que diz: "Nunca sairá um javali maior do que a montanha". Não importa o quanto o javali seja grande, ele nunca será maior do que a montanha. Muitos caçadores podem pensar: "Esse javali é enorme. É muito assustador, não vamos persegui-lo", e acabam saindo correndo para casa. Mas a verdade é que não existe um javali maior do que uma montanha.

Esse ditado é uma advertência às pessoas que tendem a se assustar sem motivo e não conseguem alcançar sua meta porque desistem por causa de um medo irracional. Ou, em outras palavras: se você tem um problema muito complicado, divida-o em partes menores e tente resolvê-lo a partir daí. Tornando-o menor, você conseguirá superá-lo.

Deixe-me dar outro exemplo. Algumas pontes exibem uma placa informando que veículos com mais de 5 toneladas não estão autorizados a passar por ela. A ponte não foi construída para suportar veículos mais pesados do que 5 toneladas, por isso caminhões acima desse peso não têm passagem permitida. A ponte consegue sustentar com segurança apenas veículos com menos de 5 toneladas, não mais.

Mas pense no que essa ponte pode suportar ao longo do dia. Um número sem conta de caminhões e carros passam por ela diariamente. O peso total desses veículos provavelmente é de centenas ou milhares de toneladas. Portanto, embora a ponte só possa suportar até 5 toneladas de peso por vez, se multiplicarmos isso ao longo do dia, veremos que ela suporta centenas e até milhares de toneladas.

Na vida ocorre exatamente a mesma coisa. Se você tentasse levantar centenas ou milhares de toneladas de uma vez, nunca conseguiria. O fardo seria tão pesado que iria esmagá-lo. Mas, se conseguisse levantar 5 toneladas por vez, durante um dia inteiro poderia carregar várias vezes esse peso. Assim, da mesma maneira que a ponte, no final do dia teria carregado um total de centenas, talvez milhares ou dezenas de milhares de toneladas.

Aqueles Que Não Desistem Tornam-se Vencedores

É importante compreender que você não conseguirá resolver todos os seus problemas de uma só vez. A razão pela qual as pessoas começam a se sentir estressadas, incapazes, subjugadas, ou mesmo inclinadas ao suicídio, é que elas querem resolver todos os seus problemas num único dia.

Pare de se impor uma tarefa tão desafiadora. Use a janela que cada dia lhe oferece e divida seus problemas em pequenas partes que caibam dentro de um único dia. É assim que você pode resolver seus problemas. Se seguir este método simples, não se sentirá arrasado; ao contrário, terá força para continuar em frente e progredir.

Retomando o assunto dos estudos e da inteligência inata, há muitas pessoas que fazem a mesma coisa com os estudos. Elas pensam: "Para alcançar essa meta, preciso estudar esse tanto. Mas isso simplesmente é demais para mim. Não vou conseguir".

Mas você pode usar o mesmo princípio. Divida o grande problema em partes menores. Se você estudar um pouco todos os dias, um dia alcançará sua meta. Algumas pessoas podem levar 1 ano, outras 3 ou 5, mas, se você estudar todos os dias, sem dúvida chegará aonde quer.

Em suma, se você não desistir, vencerá.

Se você é do tipo que sempre escolhe o caminho do menor esforço e desiste com facilidade, mesmo que seja inteligente dificilmente será bem-sucedido. Por outro lado, se você tem paciência e perseverança, se trabalha duro e usa o princípio de dividir seus grandes problemas em frações pequenas, em partes mais fáceis de manejar, e continua cuidando dos seus problemas todos os dias, um por um, não para nunca de lutar, mesmo não sendo uma pessoa naturalmente brilhante, você conseguirá ser bem-sucedido.

Acredite em mim. É uma promessa.

Neste capítulo, usei alguns exemplos simples para ajudar os que se sentem jovens a encontrarem o caminho do sucesso. Espero de coração que meus conselhos sejam úteis.

brave
daring
fearless

capítulo

5

Como Adquirir Coragem Infinita

1 Descubra Sua Vocação

Coragem É um Privilégio dos Jovens

Neste capítulo, abordarei os aspectos da "coragem" e revelarei como você pode multiplicar sua coragem centenas de vezes.

Quando fundei a Happy Science, em 1986, precisei de muita coragem para dar início a uma nova revolução espiritual e religiosa. Estou convencido de que esse foi o fator decisivo para determinar se a Happy Science passaria ou não a existir.

No meu livro *Torne-se uma pessoa corajosa*[8], apresentei respostas a algumas questões feitas por jovens recém-formados. Uma das verdades que revelei é que muitas pessoas que estudam demais acabam perdendo a coragem.

Na verdade, eu mesmo passei por esse tipo de experiência. Quando alguém estuda demais, é porque deseja mostrar que está fazendo esforços na direção certa para se tornar uma pessoa útil aos olhos das pessoas deste mundo.

Assim, é muito difícil deixar de lado a opinião dos outros e por si só tomar a decisão de agir, de trabalhar com entusiasmo e paixão para realizar alguma coisa. Isso é justamente um privilégio daque-

---

8 Publicado pela IRH Japan sob o título *Yuki aru hito to nare!*

les que são jovens. É assim porque, à medida que atingimos 40, 50 ou 60 anos de idade, acumulamos muitas coisas na vida e não conseguimos mais simplesmente nos desfazer delas.

Talvez você tenha família, um emprego numa empresa, uma posição, fama e bens – provavelmente toda uma série de coisas que não podem ser facilmente descartadas. Mas com vinte e poucos anos, talvez ainda não esteja tão amarrado a muitas coisas. Nessa idade, o coração ainda é puro e coloca muita esperança no futuro.

Cumprir Sua Missão É o Primeiro Passo de Coragem

Desde que fundei a Happy Science, há mais de 20 anos, sempre tentei ao máximo avançar dando um passo de cada vez e fazer progressos de forma constante.

A vida é uma luta. No início, se não houver ninguém que tenha coragem para se levantar e fazer alguma coisa, nada acontecerá. E não importa o que você estiver tentando conseguir, quando dá o primeiro passo no sentido de fazer alguma coisa, sempre encontra muita resistência.

Atualmente, a Happy Science conta com milhões de seguidores. No entanto, no princípio, quando passei pela experiência do despertar espiritual, ainda não havia pessoas que acreditassem em mim.

Até minha família não conseguia acreditar facilmente. E, falando francamente, mesmo eu me sentia inseguro, sem saber ao certo se essa era de fato a minha missão na vida. Por causa disso, enfrentei momentos de dúvida e sofrimento.

Eu havia me formado em Direito pela Universidade de Tóquio; comecei a trabalhar numa empresa de comércio exterior e acabei sendo enviado para atuar em Nova York. A empresa onde eu trabalhava oferecia uma possibilidade de rápida ascensão, dizendo que eu fazia parte de uma elite, da qual surge uma pessoa a cada dez anos.

Simultaneamente, comecei a receber mensagens espirituais de Espíritos Guias elevados do mundo celestial, e eles me pediam que acreditasse no que estavam me revelando e que eu deveria me erguer sozinho e passar a transmitir suas mensagens.

Se você estivesse no meu lugar, acreditaria nesses seres espirituais? Jogaria fora a promessa de uma carreira promissora e brilhante e teria seguido os conselhos dessas vozes para iniciar tudo sozinho?

Porém, quando completei 30 anos, abandonei meu emprego, abrindo mão do meu salário, e passei a trilhar esse novo caminho. Não me importava se alguém iria me seguir ou não, pois achava que cumprir minha missão era tudo para mim.

Como disse no livro *Torne-se uma pessoa corajosa*, as pessoas precisam primeiro cumprir sua missão e seu dever. Mas qual é a sua vocação e a sua missão? Assim, após descobrir o que veio fazer na Terra, verá que a missão e o dever são parte do seu próprio ser. É você mesmo. Esse é o primeiro passo para obter coragem.

Desperte Enquanto Ainda É Jovem

Neste mundo, existe uma grande variedade de pessoas. E o caminho que cada uma delas precisa seguir é diferente. Cada uma possui talentos, pontos fortes e fracos. Suas preferências também são diferentes.

Mas, no meio de todas essas características, há um pensamento que, com frequência, brota inconscientemente das profundezas do seu coração, uma voz que não pode ser calada. Essa voz é a sua missão, a sua vocação. Na verdade, dentro do seu coração já está plantada a semente do que você deve realizar nesta vida.

As pessoas começam a sentir esse chamado quando estão com cerca de 20 anos. Por isso, digo que a juventude é a viagem para conhecer sua missão. "Para que será que nasci?"; "O que vim fazer nesta vida?"; "Como vou morrer?" Essa é a iluminação que você deve buscar na juventude. Algo que precisa tornar-se capaz de responder por si mesmo.

Para conseguir isso, primeiramente recomendo que dê uma boa olhada em si mesmo. Olhe seus dons, sua personalidade, suas qualidades, relembre o que fez e como viveu desde os anos que se passaram até o presente momento. A partir daí, poderá descobrir a missão e vocação que se encontra nas profundezas do seu coração.

Este é o primeiro passo em direção à sua própria iluminação. Este deve ser o primeiro despertar. A iluminação não é algo que ocorre apenas no contexto espiritual e religioso. Todas as pessoas precisam ir obtendo pequenas iluminações à medida que avançam pelo caminho. O que vem a ser uma pessoa iluminada? Uma pessoa iluminada é alguém que despertou, que passou por um despertar.

Desperte!

Torne-se uma pessoa desperta. Todos têm um véu colocado diante de seus olhos. Você precisa removê-lo gradualmente, para conseguir ver o mundo com os olhos da "Verdade".

Essa "Verdade" não se refere ao senso comum ou ao que as pessoas adultas consideram ser normal neste mundo material. Trata-se da imagem verdadeira de como você deve ser ou fazer nesta vida, a sua missão quando vista pelos olhos verdadeiros.

Descobrir isso é o que significa "despertar". Essa é a iluminação que as pessoas precisam ter na juventude. Apesar de ser pequeno, esse é o primeiro passo que devem dar rumo à iluminação.

2 Enfrente os Desafios Sem Medo de Fracassar

Não Almeje Levar uma Vida Sem Fracassos ou Contratempos

No caminho de nossa vida ocorrerão muitas coisas que não planejamos e que nem imaginávamos que pudessem acontecer. Diante de nós surgirão muitos caminhos.

Por isso, não devemos esperar que consigamos sobreviver sem nenhum fracasso ou infortúnio. Não devemos pensar que conseguiremos somente sucesso na vida, sem passar por nenhum fracasso, por nenhum contratempo.

Para ser considerado jovem, você não deve desejar uma vida livre de fracassos. Ser jovem significa assumir desafios. Quando surge um desafio difícil, essa deve ser uma razão a mais para enfrentá-lo, para seguir numa nova direção. Aceite o desafio, mesmo que isso vá contra o senso comum das pessoas; concentre-se naquilo que você deseja criar. Simplesmente continue tentando. É isso o que importa.

Não tenha medo de falhar. O maior obstáculo para se tornar uma pessoa corajosa é ter um coração que tem medo de fracassar. A única coisa que você precisa temer é o próprio medo. O que as pessoas devem temer é a insegurança e o medo que estão ocultos dentro do próprio coração. Estes são os inimigos a combater.

Mas o que são esses medos e inseguranças? A maior parte deles tem origem por desconhecer o que vai ocorrer e como será o futuro. São preocupações e insegurança que surgem quando não temos experiência com uma situação.

Como Vencer Seus Medos

Neste momento, vou ensiná-lo a fazer o medo desaparecer. O medo desaparecerá quando você enfrentar aquilo que mais teme. Ao enfrentar o que mais receia, lutando contra ele, o medo desaparecerá.

Quando você sabe o que vai acontecer, isto é, sabe que irá vencer, ou que irá perder, já não sente mais tanto medo assim. Nesse momento, você começa a superar o medo e adquirir experiência.

Você ganha experiência ao vencer o medo. Talvez sinta o gosto amargo de não ter conseguido atingir suas metas, ou de ter sido derrotado, mas adquiriu a experiência de ter lutado com todas as suas forças e de ter usado toda a sabedoria ao seu alcance.

No entanto, a decepção de termos sido derrotados por um problema nunca será verdadeiramente uma experiência perdida. Pelo contrário, são essas experiências, sofrimentos, loucuras cometidas pela nossa estupidez que se tornam a força propulsora para continuarmos lutando e enfrentando as batalhas que virão pela frente nas próximas décadas de nossa vida.

São justamente esses momentos difíceis vividos na juventude que nos transformam em pessoas crescidas. Ao ir superando as inúmeras falhas que cometemos é que nos desenvolvemos e nos tornamos adultos.

Quando você se tornar capaz de olhar para trás e ver os fracassos vividos na juventude como algo pequeno, e sentir que "aquelas foram boas experiências", "que realmente aprendeu muito com aquela situação ou acontecimento", então é sinal de que de fato se tornou um adulto de verdade.

A partir daí, estará em condições de orientar os mais jovens que virão depois de você para a direção correta, ajudando-os a avançar pelo caminho.

Por isso, é importante enfrentar inúmeros desafios e passar por muitas batalhas.

3 Idealize Tornar-se um Grande Profissional

Doar-se Continuamente Faz Surgir Grandes Profissionais

Tenho enfrentado incontáveis desafios desde que fundei a Happy Science. Sempre estão surgindo novas situações, sem parar, coisas que nunca vivenciei e das quais não tenho experiência alguma.

Quando dei minha primeira palestra, em 23 de novembro de 1986, apesar de ser um evento pequeno, compareceram 90 pessoas. Foi a primeira vez que comecei a transmitir oficialmente os ensinamentos espirituais sobre a Verdade. Em 8 de março de 1987, fiz uma palestra aberta a um público selecionado, no Auditório Público de Ushigome, com o título "O Princípio da Felicidade", onde compareceram 400 pessoas.

Logo depois, em 31 de maio do mesmo ano, dei outra palestra, com o título "O Princípio do Amor", no Auditório Público de Chiyoda, na qual compareceram 1.000 pessoas. E, desde então, o público participante só veio aumentando. Um ano depois, fiz uma palestra para 2.000 pessoas no Auditório Público de Hibiya. Em 1989, fiz uma palestra para 8.500 pessoas no estádio esportivo Ryogoku Kokugikan, onde ocorrem as famosas lutas de sumô. Em 1990, realizei palestras seguidas no palácio de convenções de Makuhari Messe, na província de Chiba, onde compareceram de 12 mil a 18 mil pessoas a cada evento. Em 1991, precisei ampliar mais, e realizei uma palestra no estádio coberto de beisebol Tokyo Dome, para comemoração da Festividade Natalícia de El Cantare, onde compareceram 50 mil pessoas, além de ser transmitida para todo o país, via satélite. Na época, estava na casa dos 30 anos. Havia iniciado o movimento espiritual e para isso fundei a Happy Science e, em poucos anos, ela se tornou uma organização gigantesca.

Parecia que não havia passado tempo nenhum desde o início. Mas, quando penso por que isso aconteceu, é fácil chegar a uma conclusão. É porque me doei de corpo e alma em cada uma das vezes. Em cada oportunidade, nunca poupei esforços. Foi essa dedicação intensa a esse trabalho que me transformou num profissional.

Todas as pessoas irão passar por diferentes áreas de trabalho. A maioria das questões que estão enfrentando hoje está ligada ao ponto de partida para estabelecer os caminhos que o futuro lhes reserva.

Sinto que posso captar sua voz perguntando a si mesmo: "Como devo viver minha vida?"; "Que tipo de trabalho devo seguir para obter sucesso?"; "Qual seria o melhor trabalho para mim?".

Só existe uma resposta. Doe-se completamente, como se estivesse numa "luta de vida ou morte". Dê tudo de si todos os dias. Ao acumular esforços na dedicação total e diária, não importa o caminho escolhido, você se tornará um grande profissional.

Mas o que vem a ser essa "luta de vida ou morte"? Significa que você não deve pensar que está apenas num treino suado em uma academia de *kendo*, a esgrima japonesa. Não, é muito mais do que isso. Na verdade, é como se estivesse usando espadas de verdade. De forma que, se você for atingido pela lâmina afiada do adversário, irá sangrar e cair. Assim é a "luta de vida ou morte". Somente os que conseguem enfrentar os desafios deste mundo como se fossem uma "luta de vida ou morte" tornam-se profissionais bem-sucedidos. Não importa o caminho que você está seguindo. Não há exceções.

Para Ser um Profissional, É Preciso Lutar para Vencer as Dificuldades

Dizem que o mundo está passando por uma recessão econômica. Em 2009, afirmavam que o planeta passava pela pior crise financeira dos últimos cem anos. As pessoas falam de uma "Grande Depressão", mas não creio nisso. Essas pessoas simplesmente querem angariar compaixão do governo e atrair outras que as apoiem.

"Se você é um profissional de verdade, lute!"; "Se você é um homem de negócios profissional, seja corajoso e lute!"; "Se você é um economista profissional, não importa o tamanho da crise, use seus conhecimentos, faça um verdadeiro esforço e sue a camisa!" É isso o que eu gostaria de lhe dizer.

Você pode até achar que todas as empresas do mundo vão falir, mas isso certamente não vai acontecer. No entanto, muitas empresas estão sob uma administração fraca e deficiente; essas irão falir.

Se você é o executivo-chefe de uma dessas empresas, é natural que precise salvá-la. Se você não passa de um funcionário que acaba de começar, então seja um verdadeiro profissional, lute com todas as forças para ajudar a empresa a vencer as dificuldades.

Saiba que a economia sempre passa por períodos de altos e baixos. Nunca cometa o erro de supor que as fases serão sempre boas, ou que seu negócio sempre irá crescer. Sempre ocorrerão crises econômicas. Períodos de recessão costumam ocorrer a cada três ou dez anos. Em geral, a cada dez anos ocorrem grandes recessões.

Até certo ponto, isso é previsível e normal. No entanto, o caminho para se tornar um profissional dependerá de como você luta e se esforça para superar as dificuldades e os problemas.

Assuma Responsabilidades Cada Vez Maiores

Outro ponto que gostaria de destacar: em seu caminho, um profissional precisa assumir responsabilidades cada vez maiores. Perguntar "o quanto de responsabilidade você é capaz de assumir" é o mesmo que perguntar "o quanto você é profissional". Seu crescimento pode se expandir e ir tão longe quanto o âmbito das suas responsabilidades, e nunca irá além disso.

Portanto, trabalhe e se esforce de modo que a cada dia, a cada ano, possa suportar responsabilidades maiores. As responsabilidades que uma pessoa é capaz de assumir mostram a grandeza dessa pessoa.

Pessoas que gostam de buscar novos desafios também são capazes de assumir responsabilidades maiores. Por buscarem desafios, tentam fazer coisas que os outros nunca fizeram. É importante que você assuma riscos e realize coisas, mesmo que os outros à sua volta tentem impedi-lo.

Dessa forma, uma condição para ser profissional é que, ao mesmo tempo que enfrenta as batalhas como se fosse um jogo de "vida ou morte", por iniciativa própria você decide assumir responsabilidades ainda maiores.

É como dizem os profissionais do mercado: "adote uma postura de assumir os riscos". Quem nunca assume riscos nunca conseguirá obter um grande sucesso nem ganhará o respeito dos outros. Este é o conceito que desejo que você compreenda. Avance e enfrente os riscos de frente, pois isso o tornará cada vez maior.

4 Você Pode Ter uma Coragem Cem Vezes Maior

Encare os Problemas de Forma Positiva e Pense no Que Poderá Fazer

Em muitos momentos na vida, você achará impossível realizar o que está buscando. Quanto mais jovem, maior a tendência de pensar que as coisas são difíceis ou impossíveis. Compreendo esse sentimento, pois já passei por isso.

No entanto, nesses momentos, não fique buscando desculpas para convencer os outros ao seu redor que justifiquem por que você não consegue realizar algo.

É importante pensar que sempre há uma maneira de superar e resolver todos os problemas difíceis que surgem à nossa frente. Olhe bem de frente para o que você está considerando impossível e pense em como poderá fazer para avançar e superá-lo. Esse é o verdadeiro sentido da expressão "Seja positivo!"

Examine as situações sempre por um ângulo positivo. Pense de modo positivo. Pense: "Deve haver um jeito de resolver isso!"; "Deve haver alguma maneira de superar essa dificuldade e continuar avançando!"; "Deve haver alguma forma que ninguém ainda pensou sobre isso!"; "Certamente, vou ter uma boa ideia a respeito disso".

Pensar em encontrar razões para justificar o que não conseguimos fazer deve ser a última das últimas atitudes a tomar. Enquanto você for jovem, pense primeiro em como poderá resolver o problema ou em como poderá tornar algo possível. Isso é o mais importante. Eu sempre faço assim.

Toda vez que vou começar algum novo empreendimento, sempre surgem pessoas contrárias em minha volta. Costumam dizer que não é algo experimentado até agora, que ninguém nunca fez, por isso é impossível. Já ouvi isso milhares de vezes.

Mas é justamente quando muitos se opõem à realização de algum projeto que decido seguir em frente e colocá-lo em prática. Se todos ficam contra, haverá grandes chances de sucesso. Como a maioria pensa que isso não trará sucesso, significa que pouquíssimos enfrentaram aquele desafio.

Assim, quando muitos consideram algo difícil demais, que não vou conseguir ou que trará muitos problemas, esse é um desafio que costumo aceitar. Já fiz isso várias vezes em minha vida.

A Política e a Religião Têm por Objetivo Proporcionar a Felicidade Humana

Hoje, a Happy Science planeja abrir muitas filiais no Japão e no mundo todo. Em 2010, inauguramos escolas de Ensino Fundamental e Médio da Happy

Science na província de Tochigi. Em 2013, abrimos unidades também na região de Kansai. E em 2016 planejamos inaugurar nossa primeira universidade.

Como já citei, em 2009 fundamos também o Partido da Realização da Felicidade, a concretização de um ideal que eu vinha alimentando em meu coração há mais de 20 anos.

A religião tem por objetivo principal ajudar as pessoas a despertarem para a existência do mundo espiritual, conduzindo-as para a salvação de sua alma. No entanto, a felicidade das pessoas depende de dois aspectos. O primeiro deles é promover o bem-estar mental, acalmando e consolando o coração delas para que possam desenvolver o sentimento de felicidade. O segundo é salvá-las dos sofrimentos e dificuldades que surgem na vida.

Nesse processo de ajudar objetivamente as pessoas a encontrarem soluções para seus sofrimentos e tristezas, há dois caminhos: um por meio da religião ou espiritualidade, e outro por meio da política.

A religião precisa ter mais influência, sobretudo quando a política é fraca e não está indo bem. No entanto, existem coisas que somente a religião não consegue fazer. Por meio da religião não é possível criar ou mudar leis e realizar ações governamentais concretas e práticas. A religião não tem como atender de forma concreta às necessidades de sobrevivência das pessoas.

Originalmente, a religião tem três desafios: "eliminar a pobreza, as doenças e os conflitos". Por isso, o propósito espiritual é "salvar as pessoas da pobreza e da doença, e ajudá-las a encontrar soluções para seus conflitos". Mas, ao mesmo tempo, do ponto de vista material, estes são problemas que devem ser resolvidos pela política.

Resolver a questão da pobreza é uma tarefa do governo. Salvar as pessoas das doenças também é uma das funções que cabem ao governo. E ajudar as pessoas a resolver seus conflitos é algo que envolve profissionais de direito, como juízes, advogados e promotores, e isso também é tarefa dos políticos.

Nesse sentido, a religião e a política não são totalmente dissociadas uma da outra, mas usam diferentes métodos para obterem os mesmos resultados, que é a felicidade e o bem-estar das pessoas.

Não são forças opostas, mas duas forças que precisam trabalhar em cooperação mútua a fim de ajudar a criar um país melhor e um mundo melhor.

Um País Cujos Políticos e Líderes Religiosos Não Se Dão o Respeito, Não Consegue Prosperar

Após a Segunda Guerra Mundial, alguns países, como o Japão, se tornaram muito prósperos. Mas há uma verdade que desejo esclarecer. Quando um país ou seu povo não respeita seus líderes religiosos, ou quando um país não possui religiosos e políticos de respeito, não há como prosperar por muito tempo.

A missão sagrada dos líderes religiosos é conduzir as pessoas à salvação pela propagação da palavra de Deus ou de Buda. Mas, desde a Segunda Guerra Mundial, esses países vêm desmerecendo seus líderes religiosos. Não podemos aceitar que as coisas continuem assim. Isso precisa ser resolvido.

A prosperidade obtida dessa maneira transforma-se numa bolha, que logo irá estourar. Não se deve perder de vista a Verdade espiritual, pois a prosperidade não é algo somente deste mundo. Alerto a todos que "o país que não respeita a religião, ao final não prosperará".

Outro aspecto importante é que, quando um país não possui políticos respeitados, não tem como continuar prosperando por muito tempo. Como podemos ver em artigos de jornais e nos noticiários da televisão, os políticos do Japão e de muitos países são motivo de crítica, desprezo e piada.

Infelizmente, muitos dos líderes desses países possuem caráter duvidoso e são mal-intencionados. O coração deles está cheio de cobiça, e eles trabalham somente para defender seus interesses pessoais. Eleger esse tipo de pessoa para guiar um país deveria ser motivo de vergonha para nós. Você não sente vergonha disso? Pois eu sinto.

Os políticos precisam ser dignos e respeitáveis. Precisam alimentar no coração os ideais elevados de orientar e guiar as pessoas. Não deveria haver país no mundo onde os políticos não fossem pessoas de respeito, que o povo pudesse respeitar de verdade.

Está chegando a hora de lançar políticos de respeito para mudar definitivamente as coisas no Japão e no mundo. Creio que essa seja a única forma de salvar nossos países e nossa cultura. Por exemplo, nos últimos anos, a administração japonesa mudou de mãos, mas não vejo nada que mereça respeito nesse governo. O mesmo deve estar ocorrendo em vários países.

Quando Despertar para Seu Ideal e Sua Missão, Sua Coragem Crescerá Cem Vezes

Por fim, gostaria de dar um último conselho. Não alimente em seu coração críticas e insatisfações contra os maus políticos. Não fale mal dos líderes religiosos. Esses assuntos devem ser levados a sério. Os verdadeiros líderes religiosos e os verdadeiros políticos trabalham com seriedade e possuem o ideal de ajudar a melhorar este mundo. Espero que os jovens tomem decisões e ajam com coragem, pois isso os levará à prosperidade. Você não acha que o sonho de abrir um futuro depende de tudo isso?

Também gostaria de falar sobre o movimento político que estamos realizando por meio do Partido da Realização da Felicidade[9]. Esta é uma ferramenta muito importante para melhorar o planeta. Por isso, peço o apoio de todos para que possamos criar um movimento político maravilhoso, que seja capaz de fazer diferença em termos globais.

Uma mensagem especial aos jovens: quero incentivá-los do fundo do coração a divulgar estes ensinamentos com fervor, como se fossem missionários. Desejo que tenham a coragem de abraçar esses ideais e redirecionar a política para um caminho correto e que possamos, assim, criar um mundo melhor no futuro.

Talvez você não consiga se tornar cem vezes mais forte, ou cem vezes mais inteligente, ou viver cem vezes mais, ou realizar cem vezes mais trabalho. Mas pode se tornar cem vezes mais corajoso, quando despertar para sua missão e vocação. E, assim, poderá facilmente superar quaisquer sofrimentos e dificuldades que venha a enfrentar. Você certamente encontrará seu caminho.

Nunca seja frio nem menospreze alguém que se mostre inspirado e que siga pela vida abraçando altos ideais. Não se torne um covarde, que aponta o dedo e acusa pelas costas. Por favor, seja corajoso e assuma a responsabilidade de melhorar este mundo. É isso o que lhe peço. Esta é a minha mensagem para você.

---

9 A pedra fundamental para a criação deste partido foi lançada no Brasil em 2014.

Posfácio

Antes de mais nada, é importante dar o primeiro passo. Para isso, tudo o que você precisa fazer é se esforçar para continuar sendo criativo e original.

Eu mesmo já perdi a conta de quantas vezes a frase *Think Big* (Pense Grande) me salvou na vida.

Talvez esta seja a lição ou frase mais iluminada que encontrei em minha juventude, quando estive me aprimorando nos Estados Unidos.

É claro que a frase "Pense Grande" anda de mãos dadas com a frase "Seja Corajoso".

Minha esperança é que este livro se torne um dos seus preferidos, como um guia para o sucesso que você tanto idealiza.

Ryuho Okawa
14 de fevereiro de 2012

Sobre o Autor

O mestre Ryuho Okawa começou a receber mensagens de grandes personalidades da história – Jesus, Buda e outros seres celestiais – em 1981. Esses seres sagrados vieram com mensagens apaixonadas e urgentes, rogando que ele transmitisse às pessoas na Terra a sabedoria divina deles. Assim se revelou o chamado para que ele se tornasse um líder espiritual e inspirasse pessoas no mundo todo com as Verdades espirituais sobre a origem da humanidade e sobre a alma, por tanto tempo ocultas. Esses diálogos desvendaram os mistérios do Céu e do Inferno e se tornaram a base sobre a qual o mestre Okawa construiu sua filosofia espiritual. À medida que sua consciência espiritual se aprofundou, ele compreendeu que essa sabedoria continha o poder de ajudar a humanidade a superar conflitos religiosos e culturais e conduzi-la a uma era de paz e harmonia na Terra.

Pouco antes de completar 30 anos, o mestre Okawa deixou de lado uma promissora carreira de negócios para se dedicar totalmente à publicação das mensagens que recebe do Mundo Celestial. Desde então, até o final de dezembro de 2014, já lançou 1.800 livros, tornando-se um autor de grande sucesso no Japão e no mundo. A universalidade da sabedoria que ele compartilha, a profundidade de sua filosofia religiosa e espiritual e a clareza e compaixão de suas mensagens continuam a atrair milhões de leitores. Além de seu trabalho contínuo como escritor, o mestre Okawa dá palestras públicas pelo mundo todo.

Sobre a Happy Science

Em 1986, o mestre Ryuho Okawa fundou a Happy Science, um movimento espiritual empenhado em levar mais felicidade à humanidade pela superação de barreiras raciais, religiosas e culturais, e pelo trabalho rumo ao ideal de um mundo unido em paz e harmonia. Apoiada por seguidores que vivem de acordo com as palavras de iluminada sabedoria do mestre Okawa, a Happy Science tem crescido rapidamente desde sua fundação no Japão e hoje conta com mais de 12 milhões de membros em todo o globo, com Templos locais em Nova York, Los Angeles, São Francisco, Tóquio, Londres, Paris, Düsseldorf, Sydney, São Paulo e Seul, dentre as principais cidades. Semanalmente o mestre Okawa ensina nos Templos da Happy Science e viaja pelo mundo dando palestras abertas ao público.

A Happy Science possui vários programas e serviços de apoio às comunidades locais e pessoas necessitadas, como programas educacionais pré e pós-escolares para jovens e serviços para idosos e pessoas portadoras de deficiências. Os membros também participam de atividades sociais e beneficentes, que no passado incluíram ajuda humanitária às vítimas de terremotos na China e no Japão, levantamento de fundos para uma escola na Índia e doação de mosquiteiros para hospitais em Uganda.

Programas e Eventos

Os templos locais da Happy Science oferecem regularmente eventos, programas e seminários. Junte-se às nossas sessões de meditação, assista às nossas palestras, participe dos grupos de estudo, seminários e eventos literários. Nossos programas ajudarão você a:

- Aprofundar sua compreensão do propósito e significado da vida.
- Melhorar seus relacionamentos conforme você aprende a amar incondicionalmente.
- Aprender a tranquilizar a mente mesmo em dias estressantes, pela prática da contemplação e da meditação.
- Aprender a superar os desafios da vida e muito mais.

Seminários Internacionais

Anualmente, amigos do mundo inteiro comparecem aos nossos seminários internacionais, que ocorrem em nossos templos no Japão. Todo ano são oferecidos programas diferentes sobre diversos tópicos, entre eles como melhorar relacionamentos praticando os Oito Corretos Caminhos para a iluminação e como amar a si mesmo.

Revista Happy Science

Leia os ensinamentos do mestre Okawa na revista mensal *Happy Science*, que também traz informações sobre vídeos, resenhas de livros etc. A revista está disponível em inglês, português, espanhol, francês, alemão, chinês, coreano e outras línguas. Edições anteriores podem ser adquiridas por encomenda. Assinaturas podem ser feitas no templo da Happy Science mais perto de você.

Contatos

BRASIL	**www.happyscience-br.org**
SÃO PAULO (Matriz)	R. Domingos de Morais 1154, Vila Mariana, São Paulo, SP, CEP 04010-100 **TEL.** 55-11-5088-3800 **FAX** 5511-5088-3806, **sp@happy-science.org**
Região Sul	R. Domingos de Morais 1154, 1º and., Vila Mariana, São Paulo, SP, CEP 04010-100 **TEL.** 55-11-5574-0054 **FAX** 5511-5574-8164, **sp_sul@happy-science.org**
Região Leste	R. Fernão Tavares 124, Tatuapé, São Paulo, SP, CEP 03306-030 **TEL.** 55-11-2295-8500 **FAX** 5511-2295-8505, **sp_leste@happy-science.org**
Região Oeste	R. Grauçá 77, Vila Sônia, São Paulo, SP, CEP 05626-020 **TEL.** 55-11-3061-5400, **sp_oeste@happy-science.org**
JUNDIAÍ	Rua Congo 447, Jd. Bonfiglioli, Jundiaí, SP, CEP 13207-340 **TEL.** 55-11-4587-5952, **jundiai@happy-science.org**
SANTOS	Rua Júlio Conceição 94, Vila Mathias, Santos, SP, CEP 11015-540 **TEL.** 55-13-3219-4600, **santos@happy-science.org**
SOROCABA	Rua Dr. Álvaro Soares 195, sala 3, Centro, Sorocaba, SP, CEP 18010-190 **TEL.** 55-15-3359-1601, **sorocaba@happy-science.org**
RIO DE JANEIRO	Largo do Machado 21 sala 607, Catete, Rio de Janeiro, RJ, CEP 22221-020 **TEL.** 55-21-3243-1475, **riodejaneiro@happy-science.org**

INTERNACIONAL	**www. happyscience.org**
ACRA (Gana)	28 Samora Machel Street, Asylum Down, Accra, Ghana **TEL.** 233-30703-1610, **ghana@happy-science.org**
AUCKLAND (Nova Zelândia)	409A Manukau Road, Epsom 1023, Auckland, New Zealand **TEL.** 64-9-630-5677 **FAX** 64 9 6305676, **newzealand@happy-science.org**
BANGCOC (Tailândia)	Between Soi 26-28, 710/4 Sukhumvit Rd., Klongton, Klongtoey, Bangkok 10110, **TEL.** 66-2-258-5750 **FAX** 66-2-258-5749, **bangkok@happy-science.org**
CINGAPURA	190 Middle Road #16-05, Fortune Centre, Singapore 188979, **TEL.** 65 6837 0777/ 6837 0771 **FAX** 65 6837 0772, **singapore@happy-science.org**
COLOMBO (Sri Lanka)	No. 53, Ananda Kumaraswamy Mawatha, Colombo 7 Sri Lanka **TEL.** 94-011-257-3739, **srilanka@happy-science.org**
DURBAN (África do Sul)	55 Cowey Road, Durban 4001, South Africa **TEL.** 031-2071217 **FAX** 031-2076765, **southafrica@happy-science.org**
DÜSSELDORF (Alemanha)	Klosterstr. 112, 40211 Düsseldorf, Germany **web: http://hs-d.de/** **TEL.** 49-211-93652470 **FAX** 49-211-93652471, **germany@happy-science.org**
FINLÂNDIA	**finland@happy-science.org**
FLÓRIDA (EUA)	12208 N 56th St., Temple Terrace, Florida 33617 **TEL.** 813-914-7771 **FAX** 813-914-7710, **florida@happy-science.org**

★ **HONG KONG**	Unit A, 3/F-A Redana Centre, 25 Yiu Wa Street, Causeway Bay **TEL.** 85-2-2891-1963, **hongkong@happy-science.org**
★ **HONOLULU** (EUA)	1221 Kapiolani Blvd, Suite 920, Honolulu, Hawaii 96814, USA, **TEL.** 1-808-591-9772 **FAX** 1-808-591-9776, **hi@happy-science.org, www.happyscience-hi.org**
★ **KAMPALA** (Uganda)	Plot 17 Old Kampala Road, Kampala, Uganda P.O. Box 34130, **TEL.** 256-78-4728601 **uganda@happy-science.org**, **www.happyscience-uganda.org**
★ **KATMANDU** (Nepal)	Kathmandu Metropolitan City, Ward No-9, Gaushala, Surya Bikram Gynwali Marga, House No. 1941, Kathmandu **TEL.** 977-0144-71506, **nepal@happy-science.org**
★ **LAGOS** (Nigéria)	1st Floor, 2A Makinde Street, Alausa, Ikeja, off Awolowo Way, Ikeja-Lagos State, Nigeria, **TEL.** 234-805580-2790, **nigeria@happy-science.org**
★ **LIMA** (Peru)	Av. Angamos Oeste 354, Miraflores, Lima, Peru, **TEL.** 51-1-9872-2600, **peru@happy-science.org, www.happyscience.jp/sp**
★ **LONDRES** (GBR)	3 Margaret Street, London W1W 8RE, United Kingdom, **TEL.** 44-20-7323-9255 **FAX** 44-20-7323-9344, **eu@happy-science.org, www.happyscience-eu.org**
★ **LOS ANGELES** (EUA)	1590 E. Del Mar Blvd., Pasadena, CA 91106, USA, **TEL.** 1-626-395-7775 **FAX** 1-626-395-7776, **la@happy-science.org, www.happyscience-la.org**
★ **MANILA** (Filipinas)	Gold Loop Tower A 701, Escriva Drive Ortigas Center Pasig City 1605, Metro Manila, Philippines, **TEL.** 09472784413, **philippines@happy-science.org**
★ **MÉXICO**	Av.Insurgentes Sur 1443, Col, Insurgentes Mixcoac, Mexico 03920, D.F **mexico@happy-science.org, www.happyscience.jp/sp**
★ **NOVA DÉLI** (Índia)	314-319, Aggarwal Square Plaza, Plot-8, Pocket-7, Sector-12, Dwarka, New Delhi-7S, **TEL.** 91-11-4511-8226, **newdelhi@happy-science.org**
★ **NOVA YORK** (EUA)	79 Franklin Street, New York, New York 10013, USA, **TEL.** 1-212-343-7972 **FAX** 1-212-343-7973, **ny@happy-science.org, www.happyscience-ny.org**
★ **PARIS** (França)	56, rue Fondary 75015 Paris, France, **TEL.** 33-9-5040-1110 **FAX** 33-9-5540-1110, **france@happy-science.org, www.happyscience-fr.org**
★ **SÃO FRANCISCO** (EUA)	525 Clinton St., Redwood City, CA 94062, USA, **TEL./FAX** 1-650-363-2777, **sf@happy-science.org, www.happyscience-sf.org**
★ **SEUL** (Coreia do Sul)	162-17 Sadang3-dong, Dongjak-gu, Seoul, Korea **TEL.** 82-2-3478-8777 **FAX** 82-2-3478-9777, **korea@happy-science.org**
★ **SYDNEY** (Austrália)	Suite 17, 71-77 Penshurst Street, Willoughby, NSW 2068, Australia **TEL.** 61-2-9967-0766 **FAX** 61-2-9967-0866, **sydney@happy-science.org**
★ **TAIPÉ** (Taiwan)	No. 89, Lane 155, Dunhua N. Rd., Songshan District, Taipei City 105, Taiwan **TEL.** 886-2-2719-9377 **FAX** 886-2-2719-5570, **taiwan@happy-science.org**
★ **TÓQUIO** (Japão)	6F 1-6-7 Togoshi, Shinagawa, Tokyo, 142-0041, Japan, **TEL.** 03-6384-5770 **FAX** 03-6384-5776, **tokyo@happy-science.org, www.happy-science.jp**
★ **TORONTO** (Canadá)	323 College St. Toronto ON Canada M5T 1S2 **TEL.** 1-416-901-3747, **toronto@happy-science.org**
★ **VIENA** (Áustria)	Zentagasse 40-42/1/1b, 1050, Wien, Austria/EU **TEL./FAX** 43-1-9455604, **austria-vienna@happy-science.org**

Outros Livros de Ryuho Okawa

SÉRIE LEIS

As Leis do Sol
O Caminho Rumo a El Cantare
Ensinamentos de Buda para a Nova Era
Editora Best Seller

Neste livro poderoso, Ryuho Okawa revela a natureza transcendental da consciência e os segredos do nosso universo multidimensional, bem como o lugar que ocupamos nele. Ao compreender as leis naturais que regem o universo, e desenvolver sabedoria através da reflexão com base nos Oito Corretos Caminhos ensinados no budismo, o autor tem como acelerar nosso eterno processo de desenvolvimento e ascensão espiritual.

As Leis Douradas
O Caminho para um Despertar Espiritual
Editora Best Seller

Os Grandes Espíritos Guia de Luz, como Buda Shakyamuni e Jesus Cristo, sempre estiveram aqui para cuidar do nosso desenvolvimento espiritual. Este livro traz a visão do Supremo Espírito que rege o Grupo Espiritual da Terra, El Cantare, revelando como o plano de Deus tem se concretizado.

As Leis da Eternidade
A Revelação dos Segredos das Dimensões Espirituais do Universo – Editora Cultrix

Okawa revela os aspectos multidimensionais do Outro Mundo, suas características e leis, e explica por que é essencial compreendermos sua estrutura, e percebermos a razão de nossa vida – como parte da preparação para a Era Dourada que está por se iniciar.

As Leis da Felicidade
Os Quatro Princípios para uma Vida Bem-Sucedida
Editora Cultrix

O autor ensina que, se as pessoas conseguem dominar os Princípios da Felicidade – Amor, Conhecimento, Reflexão e Desenvolvimento –, elas podem fazer sua vida brilhar, tanto neste mundo como no outro, pois esses são os princípios que levam à verdadeira felicidade.

As Leis da Salvação
Fé e a Sociedade Futura
IRH Press do Brasil

O livro analisa o tema da fé e traz explicações sobre os mecanismos da vida e o que ocorre depois dela, para que os seres humanos adquiram maior grau de compreensão, progresso e felicidade. Também aborda questões importantes como a verdadeira natureza do homem enquanto ser espiritual e a existência do bem e do mal, entre outros.

As Leis da Imortalidade
O Despertar Espiritual para uma Nova Era Espacial
IRH Press do Brasil

Milagres ocorrem o tempo todo à nossa volta. Aqui, o mestre Okawa revela as verdades sobre os fenômenos espirituais e ensina que as leis espirituais eternas realmente existem, e como elas moldam o nosso planeta.

As Leis Místicas
Transcendendo as Dimensões Espirituais
IRH Press do Brasil

Aqui são esclarecidas questões sobre espiritualidade e ocultismo que não foram ensinados nas escolas nem nas religiões. Você compreenderá o verdadeiro sentido da vida na Terra e fortalecerá sua fé, despertando o poder de superar seus limites.

As Leis do Futuro
Os Sinais da Nova Era
IRH Press do Brasil

O futuro está em suas mãos. O destino não é algo imutável e pode ser alterado por seus pensamentos e suas escolhas. Podemos encontrar o Caminho da Vitória usando a força do pensamento para obter sucesso material e espiritual. Ao ler este livro, a esperança renascerá em seu coração e você cruzará o portal para a nova era.

As Leis da Perseverança
Como Romper os Dogmas da Sociedade e Superar as Fases Difíceis da Vida
IRH Press do Brasil

Nesta obra, você compreenderá que pode mudar sua maneira de pensar e vencer os obstáculos que o senso comum da sociedade colocam em nosso caminho. Aqui, o mestre Okawa compartilha seus segredos no uso da perseverança e do esforço para fortalecer sua mente, superar suas limitações e resistir ao longo do caminho que o conduzirá a uma vitória infalível.

As Leis da Sabedoria
Faça Seu Diamante Interior Brilhar
IRH Press do Brasil

As pessoas nascem neste mundo, vivem por certo número de décadas e, por fim, morrem. Depois da morte, a única coisa que o ser humano pode levar de volta consigo para o outro mundo é seu "coração". E dentro dele reside a "sabedoria", a parte que preserva o brilho de um diamante. A Iluminação na vida moderna é, de fato, um processo muito diversificado e complexo. No entanto, o mais importante é jogar um raio de luz sobre seu modo de vida e, por meio de seus próprios esforços, produzir magníficos cristais durante sua preciosa passagem pela Terra.

Série Entrevistas Espirituais

A Última Mensagem de Nelson Mandela para o Mundo
Uma Conversa com Madiba Seis Horas Após Sua Morte
IRH Press do Brasil

A Série Entrevistas Espirituais traz mensagens de espíritos famosos e revolucionários da história da humanidade e de espíritos guardiões de pessoas ainda encarnadas. Nelson Mandela veio até o mestre Okawa após seu falecimento e transmitiu sua última mensagem de amor e justiça para todos, antes de retornar ao Mundo Espiritual. Porém, a revelação mais surpreendente deste livro é que Mandela é um Grande Anjo de Luz, trazido a este mundo para promover a justiça divina.

A Verdade sobre o Massacre de Nanquim
Revelações de Iris Chang
IRH Press do Brasil

Iris Chang ganhou notoriedade após lançar, em 1997, *O Estupro de Nanquim*, em que denuncia as atrocidades cometidas pelo Exército Imperial Japonês na Guerra Sino-Japonesa, em 1938-39. Atualmente, porém, essas afirmações vêm sendo questionadas. Para esclarecer o assunto, Okawa invocou o espírito da jornalista e revela, aqui, o estado de Chang à época de sua morte e a forte possibilidade de uma conspiração por trás de seu livro.

Mensagens de Jesus Cristo
A Ressurreição do Amor
Editora Cultrix

Assim como muitos outros Espíritos Superiores, Jesus Cristo tem transmitido diversas mensagens espirituais ao mestre Okawa, cujo objetivo é orientar a humanidade e despertá-la para uma nova era de espiritualidade.

Walt Disney
Os Segredos da Magia que Encanta as Pessoas
IRH Press do Brasil

Nesta entrevista espiritual, Walt Disney – o criador de Mickey Mouse e fundador do império conhecido como Disney World – nos revela os segredos do sucesso que o consagrou como um dos mais bem-sucedidos empresários da área de entretenimento do mundo contemporâneo.

O Próximo Grande Despertar
Um Renascimento Espiritual
IRH Press do Brasil

Esta obra traz revelações surpreendentes, que podem desafiar suas crenças. São mensagens transmitidas pelos Espíritos Superiores ao mestre Okawa, para que você compreenda a verdade sobre o que chamamos de "realidade".

SÉRIE AUTOAJUDA

Mude Sua Vida, Mude o Mundo
Um Guia Espiritual para Viver Agora
IRH Press do Brasil

Este livro é uma mensagem de esperança, que contém a solução para o estado de crise em que nos encontramos hoje. É um chamado para nos fazer despertar para a Verdade de nossa ascendência, para que todos nós, como irmãos, possamos reconstruir o planeta e transformá-lo numa terra de paz, prosperidade e felicidade.

A Mente Inabalável
Como Superar as Dificuldades da Vida
IRH Press do Brasil

Muitas vezes somos incapazes de lidar com os obstáculos da vida, sejam eles problemas pessoais ou profissionais, tragédias inesperadas ou dificuldades que nos acompanham há tempos. Para o autor, a melhor solução para tais situações é ter uma mente inabalável. Ele descreve maneiras de adquirir confiança em si mesmo e alcançar o crescimento espiritual, adotando como base uma perspectiva espiritual.

Estou bem!
7 Passos para uma Vida Feliz
IRH Press do Brasil

Diferentemente dos textos de autoajuda escritos no Ocidente, este livro traz filosofias universais adequadas a qualquer pessoa. Um tesouro com reflexões que transcendem as diferenças culturais, geográficas, religiosas e raciais. É uma fonte de inspiração e transformação que dá instruções concretas para uma vida feliz. Seguindo os passos deste livro, você poderá dizer "Estou bem!" com convicção e um sorriso amplo, diante de qualquer circunstância que a vida lhe apresente.

Pensamento Vencedor
Estratégia para Transformar o Fracasso em Sucesso
Editora Cultrix

Este pensamento baseia-se nos ensinamentos de reflexão e desenvolvimento necessários para superar as dificuldades da vida e obter prosperidade. Ao estudar esta filosofia e colocá-la em prática, você será capaz de declarar que não existe derrota – só o sucesso.

Série Felicidade

O Caminho da Felicidade
Torne-se um Anjo na Terra
IRH Press do Brasil

Aqui se encontra a íntegra dos ensinamentos da Verdade espiritual transmitida por Okawa e que serve de introdução aos que buscam o aperfeiço-